Punkt für Punkt

Individuell fördern
durch Differenzierung

Rechtschreibung 5/6
und Zeichensetzung

Peter Kohrs

© 2019 Bildungshaus Schulbuchverlage Westermann Schroedel Diesterweg Schöningh Winklers GmbH,
Georg-Westermann-Allee 66, 38104 Braunschweig
www.westermann.de

Druck A^6 / Jahr 2024
Alle Drucke der Serie A sind im Unterricht parallel verwendbar.

Umschlaggestaltung: Reinhild Kassing, Kassel, unter Verwendung einer Fotografie aus ©fdenb-fotolia.com
Illustrationen: Heinrich Drescher, Münster; Differenzierungszeichen: Reinhild Kassing, Kassel;
Buchpiktogramm: Matthias Berghahn, Bielefeld
Druck und Bindung: Westermann Druck GmbH, Georg-Westermann-Allee 66, 38104 Braunschweig

ISBN 978-3-14-025130-3

Inhalt

Zum Konzept

■ Einsatzmöglichkeiten

Die Module dienen vor allem dem differenzierenden Üben, Wiederholen und der Vertiefung. Die Materialien, die in qualitativer und quantitativer Hinsicht differenziert sind, ergänzen die Angebote der Lehrbücher und Arbeitshefte. Sie können sowohl differenzierend-arbeitsteilig wie auch progressiv-steigernd eingesetzt werden und ermöglichen die **individuelle Gestaltung der Lernwege**; dies heißt vor allem: Es geht darum, beim Schüler die individuellen Stärken auszubauen und etwaige Schwächen abzubauen. **Individuelle Förderung** mithilfe der Module ist möglich

- als Binnendifferenzierung im Unterricht,
- im Förderunterricht und in Förderkursen.

Die Module bieten sich vor allem an für das selbstbestimmte, schülerzentrierte Lernen in dezentralen Arbeitsformen wie Einzelarbeit, Partnerarbeit, Gruppenarbeit und Stationenlernen, wobei der Schüler bzw. die Schülerin zum Träger und Mitgestalter der Lernprozesse wird.

Über den konkreten Einsatz der einzelnen Module und der jeweiligen Differenzierungsmaterialien muss der Deutschlehrer, der die Schüler seiner Lerngruppe und deren individuelle Stärken und Schwächen kennt, entscheiden.

Die Materialien bieten Möglichkeiten zur Individualisierung und Differenzierung für unterschiedliche Lernsituationen:

- Wiederholung und Vertiefung des Lernstoffes.
- Vorbereitung einer Klassenarbeit.
- differenzierende Formen der Einzelarbeit und Hausarbeit.

■ Aufbau

Jedes Modul umfasst fünf bis sechs Arbeitsbögen:

- Basismaterial: Regelkasten und Übungen, die von allen Schülern der Lerngruppe bearbeitet werden sollten;
- zwei oder drei differenzierende Zusatzmaterialien;
- einen Arbeitsbogen zur Überprüfung des Gelernten: Kurzer Wissenscheck „Was habe ich gelernt?";
- einen Lösungsbogen zur Selbstkontrolle.

■ Methodenschulung und strategisches Lernen

Die Module dienen auch der Methodenschulung, damit das Gelernte auf andere Lernsituationen übertragen werden kann. So werden vor allem in den ersten beiden Modulen die folgenden drei für die Rechtschreibung wesentlichen Kernstrategien eingeübt:

- Wörter mitsprechen und so schreiben, wie man sie spricht: **„Mitsprechwörter"**.
- Schreibweise von Wörtern erklären und ableiten mithilfe einer anderen Wortform, von Wortverwandten oder mithilfe grammatischen Wissens: **„Nachdenkwörter"**.
- Schwierige Wörter einprägen durch genaues Hinschauen und sorgfältiges Aufschreiben: **„Merkwörter"**.

Auf diese drei Strategien wird in allen anderen Modulen immer wieder zurückgegriffen.

Überblick:
Lernbereiche/Fehlertypen und Übungsstrategie

Lernbereiche	Beispiele	Was man tun kann
● Konsonanten nach kurzem Vokal	kommen, Hand	mitsprechen, Silbenbögen zeichnen
● Lang gesprochene Vokale	Vater, er kam, Sohn, Boot, Miete, Vieh, Bibel,	mitsprechen, Merkworttraining
● Verwechselbare Konsonanten: d-t, b-p, g-k	Rad, Laub, Berg, ihr seid – seit	mitsprechen, nachdenken: verlängern, Wortverwandte, unterschiedliche Bedeutungen
● Verwechselbare Vokale: ä – e; äu – eu	Pferd – er fährt, heute – Häute	nachdenken: verlängern, ableiten, Wortverwandte; Merkworttraining; unterschiedliche Bedeutungen
● [z]- und [k]-Laute nach kurzem Vokal: tz und ck	Tatze, meckern (heizen, Pauke, Holz)	mitsprechen, nachdenken: Regeltraining
● [s]-Laute: s, ss, ß	Rose, Fluss, gießen	mitsprechen, nachdenken: Regeltraining, Merkworttraining
● [f]-Laute	viel – er fiel, Vase	Merkworttraining, Bedeutung, Wörterbuch
● Seltene Konsonantenverbindungen	Stadt, Quelle, Fuchs,	Merkworttraining, Wörterbuch
● Fremdwörter	Attraktion, Garage, Physik	Merkworttraining, Wörterbuch
● das und dass	Wortarten: Artikel das, Demonstrativpronomen das, Relativpronomen das, Konjunktion dass	erklären: Ersatzprobe, grammatisches Wissen
● Groß- und Kleinschreibung	das Pferd, beim Kochen, wenig Gutes	erklären: Artikelprobe, Nomensignale, grammatisches Wissen
● Zusammen- und Getrenntschreibung	bitterkalt, schwarzfahren, Rad fahren, fertig sein	erklären, Wörterbuch, übertragene Bedeutungen
● Kommasetzung	wörtliche Rede, Aufzählung, Anrede, Einschub, Satzreihe, Satzgefüge	erklären: grammatisches Wissen; Regeltraining

Modul 1: Tipps, Tricks und Techniken für die Rechtschreibung

1 Das Alphabet kennen, Vokale und Konsonanten unterscheiden

Hallo,
ich bin das
Info-i und stehe dir
zur Seite.

> Das Alphabet hat 26 Buchstaben. Dazu kommen die **Umlaute ä, ö, ü**, die **Doppellaute au, eu, ei, ai** und der Buchstabe **ß**.
>
> Zu den **Vokalen** (Selbstlauten) gehören: a, e, i, o, u sowie die Umlaute und Doppellaute. Zu den **Konsonanten** (Mitlauten) gehören die anderen Buchstaben des Alphabets: b, c, d, f ...

a) In den folgenden Wörtern fehlen die Vokale. Schreibe ein passendes Wort mit seinem Artikel auf. Unterstreiche jeweils den Vokal.

Tr – _das Tor_ , Pfrd – das _____, Ktz – _____ _____, Knd – _____ _____,

Knn – _____ _____, Bll – _____ _____

b) In dem folgenden Satz aus einem Brief sind zwei Konsonanten verwechselt worden. Schreibe den Satz in der richtigen Form auf.

Danke fül deinen netten Blief, den ich gesteln von dil elharten habe.

_____

_____

> Im Innern eines Wortes werden betonte Vokale (Selbstlaute) lang oder kurz ausgesprochen:
> Töne (lang) – Tonne (kurz)
>
> Doppellaute werden immer lang ausgesprochen: Träume, Leiter

2 Kurz und lang ausgesprochene Vokale unterscheiden

Suche zu jedem Wort mit kurz ausgesprochenem Vokal auf der linken Seite ein ähnlich klingendes Wort mit langem Vokal auf der rechten Seite. Kennzeichne wie im Beispiel.

Lang ausgesprochener Vokal	Kurz ausgesprochener Vokal
der Wal	die Ratten
der Ton	der Schall
die Qual	das Bett
beten	der Wall
der Schal	die Tonne
raten	die Qualle

© Schöningh 978-3-14-025130-3

Modul 1: Tipps, Tricks und Techniken für die Rechtschreibung

◼ Schreiben wie man spricht: Mitsprechwörter

Viele Wörter kannst du so schreiben, wie du sprichst. Du kannst oft die richtige Schreibung heraushören, wenn du deutlich nach Sprechsilben sprichst:

Tonne. Scheibe. Bogen

1. Setze einen passenden Vokal oder Doppellaut ein.

   der H___t, er h___t, s___gen, der R___t, die L___se

2. Schreibe die Reimwörter auf. Sprich die Silben des Wortes langsam. Zeichne die Silbenbögen wie im Beispiel.

die Hose	die Hüte	die Hände	rennen	die Sonne
die R_____	die T_____	die W_____	n_____	die W_____
die D_____	die Bl_____	das Ge_____	erk_____	die T_____

3. Setze jeweils einen passenden Konsonanten ein. Sprich das Wort, um den passenden Buchstaben herauszuhören: g oder k, b oder p?, d oder t? Sprich deutlich die Silben, zeichne die Silbenbögen.

   die Zwer _g_ e, die Hau____e, die Pfer____e, hu____en, sa____en, der Bra____en

4. In den folgenden Wörtern kannst du ein gehauchtes h heraushören. Sprich deutlich. Schreibe die Reimwörter mit gehauchtem h auf. Zeichne die Silbenbögen.

nä _h_ en	die Schuhe	die Kühe	die Rehe
m_____	die R_____	die M_____	die Nä_____
fle_____	die Tr_____	die Br_____	die Kr_____

5. Lies die folgenden Wörter. Setze jeweils die fehlenden Buchstaben ein. Kennzeichne danach die Sprechsilben.

   Voraussetzung, Fahr____adhelm, Bekann____machung,

   Hausauf____aben, Radier____ummi, Stunden____lan,

   Apfelku____en, Ausflug____dampfer

6. Bei den folgenden Wörtern kannst du das pf im Inlaut heraushören.
   Schreibe die Reimwörter auf. Kennzeichne die Sprechsilben.

die Zöpfe	der Wi_____	ru_____
die T_____	der Z_____	z_____

7. Bei den folgenden Wörtern hörst du bei deutlichem Sprechen den Doppelkonsonanten im Inlaut. Kennzeichne die Silben durch einen Silbenbogen.

   essen, können, die Kanne, lassen, die Klappe, rennen, der Koffer

© Schöningh 978-3-14-025130-3

Modul 1: Tipps, Tricks und Techniken für die Rechtschreibung

■ **Die Schreibung erklären durch Verlängern, Ableiten und durch Faustregeln: Nachdenkwörter**

> Bei einer großen Anzahl von Wörtern kannst du die richtige Schreibung nicht heraushören. In den beiden folgenden Wörterpaaren hört man ein hart gesprochenes [t] oder [k].
> das Ra**d** – der Ra**t**; der Ber**g** – das Wer**k**
>
> Erklären kannst du die Schreibung durch Verlängern:
> das Ra? – **Lösung**: das Ra**d** **Beweis**: die Rä**d**er
>
> Erklären kannst du die Schreibung auch durch ein verwandtes Wort:
> Wu? – **Lösung**: Wu**t** **Beweis**: wü**t**end
> län?lich – **Lösung**: län**g**lich **Beweis**: lan**g**e

1. Setze die richtigen Buchstaben ein, streiche die falsche Schreibung durch wie im Beispiel.

Lan ⒟ ? / ⒦ – Län ⒟ er   en ⒢ ? / k – ein en ☐ er Rock   kal ⒟ ? / t – käl ☐ er   We ⒢ ? / k – We ☐ e

her ⒝ ? / p – ein her ☐ er Geschmack   sie trä ⒢ ? / k t – tra ☐ en   Flu ⒢ ? / k – Flü ☐ e

2. Erkläre die Schreibung durch eine andere Wortform oder durch ein verwandtes Wort und entscheide jeweils: d oder t?, g oder k?, b oder p? s oder ß?

Nomen:

der Ta ? – die Ta_____e, der Zwer ? – _____ _____, das Fahrra ? – _____ _____

der Schran ? – _____ _____, das Ba ? – _____ _____

das Lo ? – die _____, das Geträn ? – die Ge_____, der Rin ? – _____ _____

Verben:

er sin ? t – sin _____ en, die Sängerin sin ? t – sin_____en, er trin ? t – _____

sie hu ? t – _____, er lo ? t – _____, er lü ? t – _____

Adjektive:

har ? – här_____, en ? – _____, lau ? – _____, klu ? – _____

her ? – _____, run? – ein run _____ er Platz, bun ? – ein bun_____es Bild.

3. Das Info-i meint auch das Wissen über Wortarten: So werden Nomen/ Substantive großgeschrieben, alle anderen Wortarten klein.
Ordne die Wörter entsprechend ein. Mache beim Nomen die Artikelprobe.

ROSE, SUCHT, NIEMALS, HEUTE, BLÜTE, ABENDS, FLIEGT, GLAS, GRAU, SCHMETTERLING, FREUNDSCHAFT, WOLKE, TRÄUMEN, MORGENS, OFT, SONNE, PLÖTZLICH, HÄUFIG

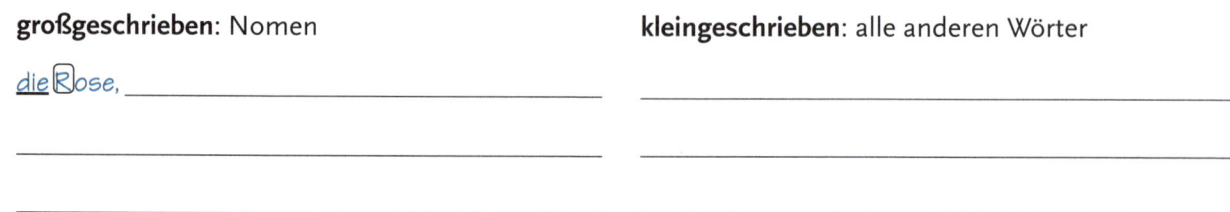

Wende grammatisches Wissen an!

großgeschrieben: Nomen

die Rose, _____

_____

_____

kleingeschrieben: alle anderen Wörter

_____

_____

_____

■ **Schreibweise einprägen durch genaues Lesen und sorgfältiges Schreiben: Merkwörter**

Die Schreibweise mancher Wörter kann man nicht heraushören und auch nicht erklären. Das Info-i hat einen Rat parat:

> Schreibweise von Merkwörtern einprägen durch sorgfältiges Lesen nach Sprechsilben und durch sorgfältiges Auf- und Abschreiben.

1. Kennzeichne in den folgenden Wörtern die Buchstaben oder Buchstabenverbindungen, die mögliche Schwierigkeiten beim Schreiben machen könnten.

   v i e l l e i c h t, Balkon, ein bisschen, Computer, Herbst, Arzt, jetzt, Garage, Mädchen,

   Diktat, niemals, im Allgemeinen, privat, Klima, fürs Erste

2. Schreibe fünf der zwei- und mehrsilbigen Wörter auf und zeichne die Bögen für die Sprechsilben.

   vielleicht,_____

3. Schreibe die folgenden Merkwörter in die passenden Buchstabenumrisse mit Ober- und Unterlängen.

   Veränderung, Behauptung, Advent, Textilien, Vase, Eidechse

4. Ordne die folgenden Wörter und Wortbilder zu wie im Beispiel.

   a) Physik, b) Chemie, c) Computer, d) Internetadresse, e) surfen, f) Fernsehgerät, g) Handy

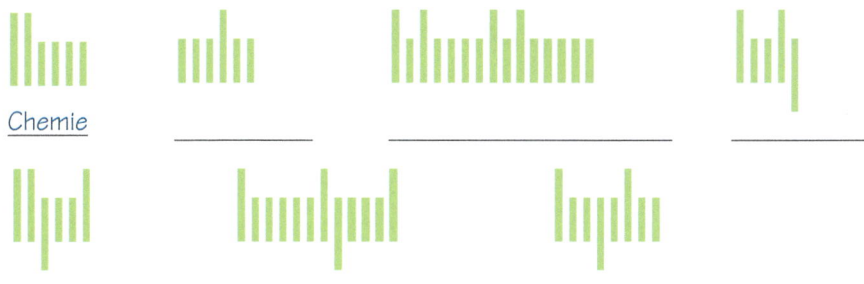

   Chemie

5. In den folgenden Wörtern haben sich kleinere Wörter versteckt:
   ein, die, viel, vier, vor, auf, ich, an, hin, der, unter.
   Kennzeichne sie wie im Beispiel.

   Lehrer in , beeindruckt, heraufeilen, Veranstaltungskalender, vervierfachen,

   hinuntergehen, Dickicht, vervielfältigen, Verdienst, vereinfachen, hervorkommen

Modul 1: Tipps, Tricks und Techniken für die Rechtschreibung

Kurzer Wissenscheck

Tipps, Tricks und Techniken für die Rechtschreibung

1. Ich kann Vokale und Konsonanten unterscheiden.

Kennzeichne im Kasten mit V (Vokal) und K (Konsonant).

y ☐   ä ☐   i ☐   o ☐   d ☐   z ☐   e ☐

au ☐   v ☐   k ☐   f ☐   ei ☐   a ☐   u ☐

2. Ich kann in Wörtern betonte lang und kurz ausgesprochene Vokale unterscheiden.

Kennzeichne in den folgenden Wörtern den langen oder kurzen Vokal in der Klammer mit l (lang ausgesprochen) oder k (kurz ausgesprochen).

suchen (l), die Säcke ( ), der Wille ( ), die Segel ( ), er kam ( ), schön ( ),

der Mut ( ), die Sonne ( ), der Bauer ( ), die Reise ( ), sagen ( ), lecker ( ),

3. Ich weiß, was Mitsprechwörter sind.

Kreuze die zwei richtigen Antworten an.

☐ Man kann die richtige Schreibweise heraushören.

☐ Man erklärt die Schreibweise durch Verlängern.

☐ Man merkt sich die Schreibweise.

☐ Man spricht zwei und mehrsilbige Wörter langsam nach Sprechsilben.

4. Ich weiß, was mit Nachdenkwörtern gemeint ist.

Kreuze die richtige Antwort an.

☐ Man erklärt die Schreibweise durch Verlängern oder ein verwandtes Wort.

☐ Man schaut im Wörterbuch nach.

5. Ich weiß, was Merkwörter sind und wie ich sie lerne.

Kreuze die zwei richtigen Antworten an.

☐ Man schreibt sie nach Gehör auf.

☐ Man muss sich die Schreibweise einprägen.

☐ Man schaut im Wörterbuch nach, wenn man unsicher ist.

Lösungen

Tipps, Tricks und Techniken für die Rechtschreibung

Basismaterial (S. 6)

1. a) das Pferd, die Katze, das Kind oder der Kunde, das Kinn oder die Kanne, der Ball oder die Bälle
   b) Danke für deinen netten Brief, den ich gestern von dir erhalten habe.
      (Die beiden Konsonanten r und l werden verwechselt.)
2. der Wal – der Wall, der Ton – die Tonne, die Qual – die Qualle, beten – das Bett, der Schal – der Schall, raten – die Ratten

Differenzierungsmaterial 1 (S. 7)

1. der Hut, er hat, sagen, der Rat, die Lose oder die Läuse
2. die Rose, die Dose; die Tüte, die Blüte; die Wände, das Gelände; nennen, erkennen; die Wonne, die Tonne
3. die Haube, die Pferde, hupen, sagen, der Braten
4. mähen, flehen; die Ruhe, die Truhe; die Mühe, die Brühe; die Nähe, die Krähe
5. Fahrradhelm, Bekanntmachung, Hausaufgaben, Radiergummi, Stundenplan, Apfelkuchen, Ausflugsdampfer
6. die Töpfe, der Wipfel, der Zipfel, rupfen, zupfen
7. können, die Kanne, lassen, die Klappe, rennen, der Koffer

Differenzierungsmaterial 2 (S. 8)

1. eng – ein enger Rock, kalt – kälter, Weg – Wege, herb – ein herber Geschmack,
   sie trägt – tragen, Flug – Flüge
2. **Nomen:** der Tag – die Tage, der Zwerg – die Zwerge, das Fahrrad – die Fahrräder, der Schrank – die Schränke, das Bad – die Bäder, das Los – die Lose, das Getränk – die Getränke, der Ring – die Ringe
   Verben: er sinkt – sinken, die Sängerin singt – singen, er trinkt – trinken, sie hupt – hupen, er lobt – loben, er lügt – lügen
   Adjektive: hart – härter, eng – enger, laut – lauter, klug – klüger, herb – herber, rund – ein runder Platz, bunt – ein buntes Bild
3. Als Nomen sind großzuschreiben: die Rose, die Blüte, das Glas, der Schmetterling, die Freundschaft, die Wolke, die Sonne. Alle anderen Wörter werden kleingeschrieben.

Differenzierungsmaterial 3 (S. 9)

1. Balkon, ein bisschen, Computer, Herbst, Arzt, jetzt, Garage, Mädchen, Diktat, niemals, im Allgemeinen, privat, Klima, fürs Erste
2. Beispiele: Balkon, Computer, Garage, Mädchen, Diktat
3. Reihenfolge: Eidechse, Advent, Vase, Textilien, Behauptung, Veränderung
4. Reihenfolge: b), e), d), g), a), f), c)
5. beeindruckt, heraufeilen, Veranstaltungskalender, vervierfachen, hinuntergehen, Dickicht, vervielfältigen, Verdienst, vereinfachen, hervorkommen

Kurzer Wissenscheck (S. 10)

1. Beispiele: y (Konsonant), ä (Vokal)
2. Beispiel: die Säcke (kurz), der Wille (kurz), die Segel (lang), der Bauer (lang)
3. richtig sind 1. und 4.
4. richtig ist: 1.
5. richtig sind: 2. und 3.

Modul 2: Übungsdiktate vorbereiten

Übungsdiktate sind immer vorbereitete Diktate. Dazu werden die Übungsformen und Methoden genutzt, die dir bereits bekannt sind:

- **Mitsprechwörter** halblaut nachsprechen, um die richtige Schreibweise herauszuhören: Beispiele: Rose, rasen, aussagen, lassen, kommen
- bei **Nachdenkwörtern** die Schreibweise erklären, indem man verlängert oder ableitet: er sa?t → er sa g t, Beweis: sa g en; der Ran? → der Ran d , Beweis: Rän d er
- **Merkwörter** einprägen durch genaues Hinschauen, Buchstabieren und sorgfältiges Aufschreiben.

Erst nach einer intensiven Beschäftigung mit dem Text wird dieser vom Partner diktiert. Man kann den Text auch aufnehmen.

Tipps für die Arbeit mit Übungsdiktaten:
- Text zunächst sorgfältig lesen
- Gekennzeichnete Wörter besonders üben, z. B. durch Suchen von verwandten Wörtern, Buchstabieren, Aufschreiben
- In Partnerarbeit Text in kurzen Textblöcken diktieren bzw. schreiben; möglichst keine Fehler machen (Satzzeichen werden mitdiktiert)
- Geschriebenen Text kontrollieren, Fehler sofort verbessern

N ä chtlicher Ausreißer

Eine Zeitungsbotin **entde ck te** in der vergangenen Woche früh am Morgen einen **vierj ä hrigen** Nachtschwärmer. Dieser **gin g** im **Schlafanzu g** auf der Hauptstraße spazieren. Die Frau informierte **umgehen d** die Polizei. Einige Minuten später **überga b** sie den Ausreißer der **Besatzun g** eines Streifenwagens, die den Jungen wohlbehalten zu Hause ablieferte. (47 Wörter)

1. In der Wörterschlange sind Wörter enthalten, die in dem Text vorkommen. Schreibe sie in der üblichen Form auf. Setze vor die Nomen/Substantive den bestimmten Artikel.

AUSREIßERFRÜHMORGENSPAZIERENINFORMIERTEFRAUPOLIZEIMINUTENSPÄTER

_____

_____

2. Die fett gedruckten Wörter enthalten einen markierten Buchstaben. Leite die Schreibweise ab, indem du eine andere Wortform oder ein verwandtes Wort in deinem Heft aufschreibst.

n ä chtlicher → N a cht, ...

3. Schreibe im Text fett gedruckte Merkwörter unter das passende Buchstabenbild.

_____   _____   _____   _____   _____

Übungsdiktate vorbereiten

Zwölfjähriger als Besitzer eines Autos

In der **Zeitun[g]** war zu lesen, dass ein **zwölfj[ä]hriger** Junge im Norden Polens mit seinem eigenen Wagen durch die **Gegen[d] gekur[v]t** ist. Als die Polizei ihn stoppen wollte, **spran[g]** er aus dem Auto und nahm sofort Reißaus. Die Polizisten konnten den Jungen **allerdin[g]s** sehr schnell **din[g]fest** machen. Wie sich bei der **Vernehmun[g]** herausstellte, hatte der Junge natürlich keinen Führerschein. Dafür aber konnte er einen gültigen **Kau[f]vertra[g]** für das Auto vorweisen. Er war mit Namen und Unterschrift als Eigentümer aufgeführt. Nun soll **zun[ä]chst gekl[ä]rt** werden, wie das **Kin[d]** zu dem Auto gekommen ist.

(97 Wörter)

1. In allen fett gedruckten Wörtern kannst du die Schreibweise der markierten Buchstaben erklären. Suche für diese Nachdenkwörter eine andere Wortform oder ein verwandtes Wort. Schreibe sie in deinem Heft auf.

   Zeitun[g] → Zeitun[g]en, ...

2. Diese Schüttelwörter kommen im Text vor. Schreibe sie in der richtigen Form auf; setze vor die Nomen/Substantive den bestimmten Artikel; kennzeichne die Sprechsilben durch einen Bogen.

   sitzBeer   – _der_ _____,   ioPlzei   – _____ _____

   türnalich   – _____,   rerFühschein   – _____ _____

   terUnschrift   – _____ _____ _____,   verKauftrag   – _____ _____

3. In dem folgenden Zeitungstext sind einzelne Buchstaben markiert. Erkläre ihre Schreibweise, indem du die markierten Buchstaben hörbar machst.

   Ein siebenj[ä]hriger Junge aus G. le[b]te auf großem Fuß. Für den Kauf einer **Limonade** in einer B[ä]ckerei legte er drei Hunderteuroscheine auf die **Theke** und machte sich dann flu[g]s aus dem Stau[b]. Die Mitarbeiter **wandten** sich **daraufhin** unverzü[g]lich an die örtliche **Polizei**. Es stellte sich heraus, dass der **zurzeit** arbeitslose Vater des Jungen das Gel[d] am Ta[g] zuvor vom Sozialamt bekommen hatte. Es sollte allerdin[g]s noch bis zum Monatsende reichen. (70 Wörter)

   siebenj[ä]hriger → J[a]hre, _____

   _____

   _____

4. Die folgenden Schüttelwörter stellen die im Text fett gedruckten Lernwörter dar. Schreibe sie auf.

   hTeek – _Theke_, imoLande – _____, raufadihn – _____,

   liPoeiz – _____, antdwen – _____, tzeziru – _____

Modul 2: Übungsdiktate vorbereiten

▪ Übungsdiktate vorbereiten

Es stand in der Zeitung

Zwei freundliche **Polizisten** haben ein **verwaistes** Ferkel zur nächtlichen Stunde aus einer für das Tier
[äu]ßerst gef[ä]hrlichen Situation befreit. Das verirrte kleine Borstenvieh war auf der Flucht vor einem
Z[ä]hne fletschenden **Fuchs**, als zuf[ä]llig im Streifenwagen vorbeikommende Polizisten den R[äu]ber
verscheuchten. Der Fuchs musste wohl oder übel auf seine Beute verzichten und verschwand in einem
Maisfeld. Auf der Polizeiwache hatten die Polizisten erhebliche Schwierigkeiten bei der Feststellung der
Personalien des Schweinebabys. Weil das ausgehungerte Tier derart **quiekte**, dass aufgrund des **L[ä]rms**
aus allen Räumen der Polizeiwache Neugierige auftauchten, **wandte** sich die Wache an einen der am
n[ä]chsten liegenden b[äu]erlichen Betriebe. Hier konnte das frierende und hungernde **Waisenkind** tatsächlich bei einer Sau untergestellt werden. Mithilfe einer polizeilichen Fahndungsmeldung hofft man
demn[ä]chst auf eine Familienzusammenführung. (128 Wörter)

1. In dem Text sind bestimmte Buchstaben markiert. Suche zu den Wörtern mit ä und äu jeweils eine
   andere Wortform oder ein verwandtes Wort mit a oder au.

   [äu]ßerst → [au]ßen, _____

   _____

2. Suche für die folgenden Wörter mit e und eu jeweils ein verwandtes Wort mit e und eu.

   fr[eu]ndlich – *der Fr[eu]nd*, versch[eu]chen – _____, die B[eu]te – _____,

   untergest[e]llt – _____, Fahndungsm[e]ldung – _____

3. Der Text enthält zusammengesetzte Nomen. Schreibe die Schüttelsilben mit ihrem bestimmten Artikel
   in der richtigen Schreibweise auf.

   stenBorvieh – *das* _____, waStreigenfen – _____,

   feldMais – _____, zeiwaPocheli – _____ ,

   baSchweibysne – _____, senWaikind – _____,

   dungsFahndungmel – _____,

   lienzuFasamimmenrungfüh – _____

4. Trage die sieben durch Fettdruck gekennzeichneten Merkwörter in die passenden Buchstabenbilder
   ein.

■ Übungsdiktate vorbereiten

Unbelehrbarer Raser

Obwohl die **Polizei** immer wieder vor den Gefahren zu schnellen Fahrens warnt und **beinahe** t[ä]glich

schwere Unf[ä]lle passieren, gi[b]t es **manchmal** noch Unbelehrbare. Ein achtzehnj[ä]hriger Mann schloss

die gef[ä]hrliche Wette ab, dass er auf seinem Motorra[d] eine Autobahnstrecke von vierzig Kilometern in

einer Fahrzeit von zwanzig Minuten zurücklege. Den Raser interessierte bei seiner Idee weder die Gefähr-

dun[g] anderer noch seine eigene Sicherheit. Bereits auf dem Zubringer zur Autobahn passierte es. Das

Motorrad geriet **nämlich** ins Schleudern und der Fahrer landete mit seiner **Maschine** in einem Vorgarten.

Weil er entsprechende Kleidun[g] tru[g] und ein weicher Komposthaufen seinen **Sturz** abfederte, kam der

Fahrer **selbst** glimpflich davon. Sein Motorrad war jedoch nur noch Schrott. So wird der Raser wohl in

Zukunft auf die Bahn umsteigen müssen oder sein Fahrra[d] aus dem Keller holen. (132 Wörter)

1. In bestimmten Wörtern des Textes sind Buchstaben durch ein Kästchen markiert. Erkläre jeweils die Schreibweise, indem du eine andere Wortform oder ein verwandtes Wort aufschreibst, in dem der Buchstabe deutlich zu hören ist.

   t[ä]glich → der T[a]g, _____

   _____

   _____

2. Schreibe noch vier zusammengesetzte Nomen aus dem Text auf. Setze den bestimmten Artikel davor.

   das Motorrad, _____

   _____

3. Schreibe die folgenden Schüttelsilben in der richtigen Form auf. Alle Wörter stammen aus dem Text.

   renterinessie – _____,   deeI – _____,

   heitcherSi – _____,   dungKlei – _____,

   hauKomfenpost – _____,   kunftZu – _____

4. Schreibe die fett gedruckten Merkwörter im Text jeweils in das passende Buchstabenbild.

Kurzer Wissenscheck

Übungsdiktate vorbereiten

1. Ich weiß, warum es wichtig ist, Übungsdiktate vor dem Aufschreiben zu üben.

Kreuze die vier richtigen Antworten an.

☐ Ich bekomme mit der Zeit einen Blick dafür, welche Wörter besondere Schreibschwierigkeiten enthalten.

☐ Ich präge mir die richtige Schreibweise fest ein und mache möglichst wenig Fehler.

☐ Ich schreibe alle Wörter so, wie ich sie spreche.

☐ Ich buchstabiere den gesamten Text.

☐ Ich will besonders die Kommasetzung üben.

☐ Ich gewöhne mich daran, die Schreibweise zu erklären.

☐ Ich lerne Mitsprechwörter, Nachdenkwörter und Merkwörter zu unterscheiden.

2. Ich kann ein Übungsdiktat vor dem Aufschreiben selbstständig bearbeiten.

Sechzehnjähriger steuert U-Bahn

Ein sechzehnj[ä]hriger Junge steuerte in Amerika eine U-Bahn drei Stunden lan[g] durch eine Großstadt. Er zei[g]te sich dabei als sehr sachverst[ä]ndig. Erst als der Junge eine Kurve zu schnell nahm und dadurch die automatische Han[d]bremse auslö[s]te, fiel sein Ausflu[g] auf. Bei seiner Fahrt nahm er drei Fahrg[ä]ste mit. Es gelan[g] ihm, bei allen Stationen pünktlich zu halten. Der Anzu[g]des Sechzehnjährigen ähnelte einer Uniform. Bei der Einsatzzentrale hatte er sich als Zu[g]führer ausgegeben und eine richtige Personalnummer genannt. Daraufhin hatte man ihm ohne Bedenken eine U-Bahn zugeteilt.

(90 Wörter)

a) Suche aus dem Text noch mindestens fünf Mitsprechwörter, deren richtige Schreibweise du bei deutlichem Mitsprechen heraushören kannst. Zeichne zu den zwei- und dreisilbigen Wörtern die Silbenbögen.

in, Stunden, eine, drei, _____

_____

b) Suche zu den Nachdenkwörtern mit einem markierten Buchstaben eine andere Wortform oder ein verwandtes Wort, das die Schreibweise des Buchstabens erklärt.

sechzehnj[ä]hriger – J[a]hr, _____

_____

_____

c) Unterstreiche im Text vier Wörter, die für dich Merkwörter darstellen.

Lösungen

Übungsdiktate vorbereiten

Basismaterial (S. 12)

1. der Ausreißer, früh, der Morgen, spazieren, informierte, die Frau, die Polizei, die Minuten, später
2. entdeckte → entdecken, vierjährigen → Jahre, ging → sie gingen, Schlafanzug – die Schlafanzüge, umgehend → eine umgehende Benachrichtigung, übergab → sie übergaben, Besatzung – die Besatzungen
3. ging, umgehend, übergab, entdeckte, Schlafanzug

Differenzierungsmaterial 1 (S. 13)

1. zwölfjähriger → die Jahre, Gegend → die Gegenden, gekurvt → die Kurve, sprang → springen, allerdings → die Dinge, dingfest → die Dinge, Vernehmung → die Vernehmungen, Kaufvertrag → kaufen → die Verträge, zunächst → nachher, geklärt → klar, Kind → die Kinder
2. der Besitzer, die Polizei, natürlich, der Führerschein, die Unterschrift, der Kaufvertrag
3. lebte → leben, Bäckerei → backen, flugs → fliegen, Staub → staubig, unverzüglich → zügig, Geld → die Gelder, Tag → die Tage, allerdings → die Dinge
4. Limonade, daraufhin, Polizei, wandten, zurzeit

Differenzierungsmaterial 2 (S. 14)

1. gefährlichen → die Gefahr, Zähne → der Zahn, zufällig → der Zufall, Räuber → der Raub, Lärms → Alarm, nächsten → nach, bäuerlichen → der Bauer, demnächst → nachher
2. Beispiele: verscheuchen → die Vogelscheuche, die Beute → erbeuten, untergestellt → wegstellen, Fahndungsmeldung → melden
3. das Borstenvieh, der Streifenwagen, das Maisfeld, die Polizeiwache, das Schweinebaby, das Waisenkind, die Fahndungsmeldung, die Familienzusammenführung
4. Waisenkind, Lärms, quiekte, wandte, Fuchs, Polizisten, verwaistes

Differenzierungsmaterial 3 (S. 15)

1. Unfälle → der Unfall, gibt → geben, achtzehnjähriger → die Jahre, gefährliche → die Gefahr, Motorrad → die Motorräder, Gefährdung → die Gefährdungen, Kleidung → die Verkleidungen, trug → sie tragen, Fahrrad → die Fahrräder
2. die Autobahnstrecke, die Fahrzeit, die Autobahn, der Komposthaufen
3. interessieren, Idee, Sicherheit, Kleidung, Komposthaufen, Zukunft
4. Maschine, Sturz, selbst, beinahe, nämlich, manchmal, Polizei

Kurzer Wissenscheck (S. 16)

1. richtig sind: 1, 2, 6, 7
2. a) Beispiele: sich, dabei, als, zu, schnell, sein, auf, automatische
   b) lang → länger, zeigte → zeigen, sachverständig → der Sachverstand, Handbremse → die Hände, auslöste → auslösen, Ausflug → die Ausflüge, Fahrgäste → der Fahrgast, gelang → gelingen, Anzug → die Anzüge, Zugführer → die Züge
   c) Beispiele: Großstadt, Kurve, Stationen, Einsatzzentrale

© Schöningh 978-3-14-025130-3

Basismaterial

Modul 3: Vokale, die man leicht verwechseln kann: ä oder e?

Bei den folgenden Wörtern wird das **ä** und **e** gleich ausgesprochen.
lernen, Ferne, ändern, kräftig

Du kannst also die richtige Schreibung nicht heraushören. Du brauchst
eine andere Strategie: Erkläre die Schreibweise, indem du **ableitest**.
Beispiele: Das Wort kälter wird mit ä geschrieben. Beweis: kalt
Das Wort Hände wird mit ä geschrieben. Beweis: Hand.

Es gilt also die Faustregel:
Man schreibt mit **ä**, wenn es eine andere Form oder ein **verwandtes Wort mit a** gibt:
Hände → Hand, glänzen → Glanz, Härte → hart

1. Erkläre in den Sprichwörtern und Sprüchen die Schreibung der unterstrichenen Wörter mit ä, indem du ein verwandtes Wort oder eine andere Wortform in die Klammer schreibst.

Wer andern eine Grube gr_ä_bt (_graben_), f____llt (_____) selbst hinein.

Die Geschm____cker (_____) der Menschen sind unterschiedlich.

Leben ist immer lebensgef____hrlich (_____).

Je l____nger (_____), je lieber.

Wer langsam f____hrt (_____), kommt auch ans Ziel.

Eine Hand w____scht (_____) die andere.

Nachts ist es k____lter (_____) als draußen.

2. Erkläre die Schreibung der folgenden Wörter mit ä, indem du eine andere Wortform oder ein verwandtes Wort mit a findest. Schreibe auf wie im Beispiel.

kräftig → _Kraft_____, gefährlich → _____, Stängel → _____

ändern → _____, färben → _____, regelmäßig → _____

Gämse → _____, behände → _____, verständlich → _____

glänzen → _____, verdächtig → _____, wählen → _____

3. Setze ein: e oder ä. Für die Wörter mit ä lässt sich ein verwandtes Wort mit a finden. Schreibe dieses jeweils darüber.

       Satz

f____rtig, S____tze, h____ftig, s____lten, W____rter, B____tt, kl____ttern, St____dte,

qu____len, K____lbchen, kr____ftig, p____tzen, K____tzchen, F____tzen

Schreibung von ä

1. Hier geht es um Erklärungen für die Schreibung von ä. Schreibe jeweils eine andere Wortform auf.

	ä	a
bei Nomen: Singular oder Plural	die Wälder	der Wald
	die Ängste	
	die Städte	
	die Hände	
	die Hähne	
	die Säle	der Saal
	die Ärmel	
	die Hausdächer	
	die Laubwälder	
bei Verben: andere Personalform oder Grundform	er fällt	sie fallen, fallen
	sie hält	
	sie hätten	
	wir wären	
	er fährt	
	sie schläft	

2. Hier sollst du verwandte Wörter finden. Beachte dabei: Ein Punkt entspricht einem Buchstaben.

Wort mit ä	verwandtes Wort mit a
färben	die Farbe
das Häschen	der H . . .
ärgerlich	. . .
zähmen	. . . .
die Härte	. . . .
täglich	der . . .
die Stärke	. . . . .
das Gelächter	. . . . . .

3. Ergänze die folgenden Reime.

Räder kommt von _Rad_ und _Bärte_ kommt von Bart.

Häfen kommt von _____ und Schläfchen kommt von _____ .

Bänder kommt von _____ und _____ kommt von Rand.

Mäßig kommt von _____ und gefräßig kommt von _____ .

Wände kommt von _____ und _____ kommt von Hand.

Fährte kommt von _____ und nähen kommt von _____ .

Wärme kommt von w_____ und ärmer kommt von _____ .

Modul 3: Vokale, die man leicht verwechseln kann: ä oder e?

19

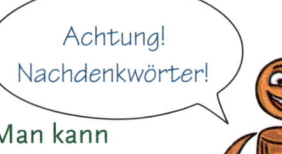

Achtung!
Nachdenkwörter!

Schreibung von ä und e

1. Bei den folgenden Wörtern werden e und ä fast gleich ausgesprochen. Man kann die richtige Schreibung nicht heraushören. Deshalb benötigt man andere Hilfen. Schreibe hinter die Wörter mit e mindestens ein verwandtes Wort mit e; schreibe hinter die Wörter mit ä eine andere Wortform oder ein verwandtes Wort mit a.

	andere Wortform oder verwandtes Wort mit a	verwandtes Wort mit e
der Zw(e)rg		der Gartenzw(e)rg
die B(ä)rte	der B(a)rt	
fertig		
die Ställe		
der Kern		
er merkt		
sie denkt		
ärmlich		
der Jäger		
das Fell		
fällen		
schwächer		

2. Schreibe die vier Wörter mit e und die vier Wörter mit ä im Inlaut in die Tabelle.

Da schaut sich ein Affe im Spiegel an. Es wäre besser, er hätte das nicht getan. Denn entsetzt merkt er, und das findet er dämlich: Er sieht ja einem Menschen ähnlich.

Wörter mit e im Inlaut	Wörter mit ä im Inlaut

3. Unter den Wörtern mit ä findest du zwei Merkwörter, zu denen du keine Ableitung mit a findest. So kannst du dir die Schreibung von Merkwörtern einprägen: Trage die Merkwörter in die Buchstabenbilder ein.

Hier geht es um
Merkwörter!

4. Auch die folgenden Wörter sind Merkwörter, deren Schreibung du nicht erklären kannst. Du musst sie dir merken oder – wenn du unsicher bist – im Wörterbuch nachsehen. Schreibe die Wörter unter die Wortumrisse. Kennzeichne die Sprechsilben.

Bär, zäh, Mähne, Lärm, allmählich, krähen, spät

zäh _____ _____ _____ _____ _____ _____

Kurzer Wissenscheck

Vokale, die man leicht verwechseln kann: ä oder e?

1. Ich kann die Schreibung von Wörtern mit ä erklären.

Schreibe für die folgenden Wörter mit ä eine andere Wortform oder ein verwandtes Wort mit a auf. Setze vor die Nomen jeweils den bestimmten Artikel.

tatsächlich → _____ ,　　gefährlich → _____

kräftig → _____ ,　　die Länge → _____

die Ärzte → _____ ,　　ängstlich → _____

lächeln → _____ ,　　Gärtner → _____

2. Ich kann zu Wörtern mit e ein verwandtes Wort aus der Wortfamilie nennen.

lenken → der _____ ,　　die Herzlichkeit → _____

rechnen → _____ ,　　der Scherz → _____

fett → _____ ,　　die Rettung → _____

das Merkheft → _____ , der Schmerz → _____

die Kennzeichnung → _____ , die Rechtschreibung → _____

3. Ich kann in Sätzen Wörter mit ä und e unterscheiden.

Setze richtig ein: ä oder e? Denke an die Hinweise vom Info-i zu den Nachdenkwörtern.

Auf eine scharfe Frage folgt oft eine sch____rfere Antwort.

Grobe S____cke soll man mit Seide n____hen.

Mit Sp____ck fängt man Mäuse.

Viele Köche verd____rben den Brei.

Wer andern eine Grube gr____bt, f____llt s____lbst hinein.

Man muss nicht alles sagen, was man d____nkt.

Das L____ben ist zum L____ben da.

Bleib, wie du bist, aber ____ndere dich t____glich.

Verlängern, ableiten …!

4. Ich habe mir Merkwörter mit ä gemerkt. Ich kann sie richtig schreiben.

Von den folgenden Wörtern werden sechs Wörter mit ä geschrieben und drei mit e. Setze den richtigen Buchstaben ein. Trage die Lernwörter mit ä in die passenden Wörterbilder ein.

n__mlich, z__h, sp__t, allm____hlich, f__rtig, der B__r, f__tt, der R__st, der L__rm

© Schöningh 978-3-14-025130-3

Lösungen

Vokale, die man leicht verwechseln kann: ä oder e?

Basismaterial (S. 18)

1. fällt (fallen), Geschmäcker (Geschmack), lebensgefährlich (Gefahr), länger (lange), fährt (fahren), wäscht (waschen), kälter (kalt)
2. gefährlich → Gefahr, Stängel → Stange, ändern → anders, färben → Farbe, regelmäßig → Maß, Gämse → Gams, behände → Hand, verständlich → Verstand, glänzen→ Glanz, verdächtig → Verdacht, wählen → Wahl
3. Sätze (Satz), Wärter (warten), Städte (Stadt), quälen (Qual), Kälbchen (Kalb), kräftig (Kraft), Kätzchen (Katze); die übrigen Wörter werden mit e geschrieben.

Differenzierungsmaterial 1 (S. 19)

1. **Nomen:** die Ängste – die Angst, die Städte – die Stadt, die Hände – die Hand, die Hähne – der Hahn, die Säle – der Saal, die Ärmel – der Arm, die Hausdächer – das Hausdach, die Laubwälder – der Laubwald
   Verben: er fällt – fallen, sie hält – halten, sie hätten – sie hatten, wir wären – wir waren, er fährt – sie fahren, sie schläft – sie schlafen
2. das Häschen – der Hase, ärgerlich – arg, zähmen – zahm, die Härte – hart, täglich – der Tag, die Stärke – stark, das Gelächter – lachen
3. Hafen, schlafen/Band, Ränder/Maß, Fraß/Wand, Hände/Fahrt, Naht/warm, arm

Differenzierungsmaterial 2 (S. 20)

1. Beispiele: fertig – anfertigen, die Ställe – der Stall, der Kern – kernig, er merkt – die Bemerkung, sie denkt – nachdenken, ärmlich – arm, der Jäger – die Jagd, das Fell – das Bärenfell, fällen – fallen, schwächer – schwach
2. Wörter mit e: besser, entsetzt, merkt, Menschen; Wörter mit ä: wäre, hätte, dämlich, ähnlich
3. dämlich, ähnlich
4. Reihenfolge: Lärm, allmählich, spät, krähen, Mähne, Bär

Kurzer Wissenscheck (S. 21)

Beispiele:
1. tatsächlich → die Tatsache, gefährlich → die Gefahr ...
2. lenken → der Lenker ..., die Herzlichkeit → das Herz ...
3. schärfere/Säcke – nähen/Speck/verderben/gräbt – fällt – selbst/denkt/Leben – Leben/ändere – täglich
4. Reihenfolge der Wörterbilder: zäh, Lärm, allmählich, nämlich, Bär, spät

Modul 4: Doppellaute, die man leicht verwechseln kann: äu oder eu?

Die richtige Schreibung der Doppellaute äu und eu kannst du nicht heraushören, denn **äu** und **eu** werden gleich ausgesprochen.
s**äu**erlich, t**eu**er, F**eu**er, Verk**äu**ferin

Das Info-i empfiehlt dir deshalb die folgende Faustregel: Mit dem Doppellaut **äu** (und nicht mit **eu**) schreibst du immer dann, wenn es eine andere Wortform oder ein **verwandtes Wort mit au** gibt. Beispiele:
Verk**äu**ferin → k**au**fen, tr**äu**men → Tr**au**m

Einige **Merkwörter** mit äu, die du nicht ableiten kannst, musst du dir einprägen, z. B.: Knäuel, Säule, sich räuspern

1. Erkläre die Schreibung mit äu, indem du eine andere Wortform oder ein verwandtes Wort mit au aufschreibst. Setze vor das Nomen den bestimmten Artikel.

äu	andere Wortform mit au oder verwandtes Wort mit au
die Bäume	
der Verkäufer	
die Zäune	
geräumig	
säuerlich	
das Gebäude	
die Räume	
die Träumerei	
häufig	
äußerlich	
der Läufer	
einräuchern	

2. Setze in die Lücken äu oder eu ein. Schreibe für die Wörter mit äu eine andere Wortform oder ein verwandtes Wort mit au auf. Schreibe für die Wörter mit eu ebenfalls ein verwandtes Wort auf.

äu oder **eu**	andere Wortform oder verwandtes Wort mit **au**	verwandtes Wort mit **eu**
das F____er		*das Lagerfeuer*
die B____me		
ern____ern		
bl____lich		
die Tr____e		
die Ger____sche		

© Schöningh 978-3-14-025130-3

■ Doppellaute, die man leicht verwechseln kann: äu/eu

1. Ergänze die Lücken: äu oder eu. Ordne zu: Wörter mit äu und eu und ihre jeweiligen Ableitungen/ Wortverwandte mit au und eu.

eu oder äu?	verwandte Wörter mit eu oder au
h_äu_fig	außen
(sich) fr____en	kauen
das R____chermännchen	rauschen
die Str____ße	die Maus
____ßerlich	der Freund
die M____se	der Traum
der Wiederk____er	der Haufen
ger____scharm	die Freude
die Fr____ndin	der Strauß
vertr____mt	rauchen

2. Ergänze die folgenden Reime. Setze au oder äu ein.

S____re kommt von sauer und B____erin kommt von _____.

Zäune kommt von _____ und _____ kommt von Raum.

Räuchern kommt von _____ und Bäuche kommt von _____.

_____ kommt von Haupt und Häute kommt von _____.

Verkäufe kommt von _____ und Säufer kommt von _____.

Geräumig kommt von _____ und _____ kommt von Saum.

3. Schreibe für die folgenden Wörter mit eu jeweils zwei verwandte Wörter aus der Wortfamilie auf.

Wortart	Wort mit eu	verwandte Wörter mit eu aus der Wortfamilie
Nomen	der Zeuge	*das Zeugnis, bezeugen*
	die Reue	
	der Neubau	
Adjektiv	freundlich	
	treu	
	neu	
	deutsch	
	scheußlich	
Verb	sich freuen	
	heulen	
	bereuen	
	verscheuchen	
	seufzen	
weitere Wortart	neunzehn	

■ Doppellaute, die man leicht verwechseln kann: äu/eu

1. Hier hat ein Witzbold einen Text verfasst, in dem möglichst viele Wörter mit eu und äu vorkommen. Schreibe zu den unterstrichenen Wörtern jeweils eine Ableitung wie im Beispiel auf.

<u>Feuer</u> in der <u>Scheune</u>

In der alten Scheune ist <u>heute</u> ein Feuer ausgebrochen. Die Feuerwehrleute <u>träumen</u> nicht lange und schaffen schleunigst <u>Schläuche</u> herbei. <u>Äußerst</u> eilig <u>läuft</u> die <u>Bäuerin</u> durch die <u>Räume</u>. <u>Häufig</u> hört man jetzt von der Scheune her knisternde <u>Geräusche</u>. Das <u>Heu</u> wird eine <u>Beute</u> des Feuers. Viele <u>Leute</u> sind <u>Zeugen</u> der Feuersbrunst. Der Feuerteufel hat seine <u>Freude</u>. <u>Eulen</u> und <u>Mäuse</u> müssen sich ein anderes <u>Gebäude</u> suchen.

Wörter mit **eu** und verwandtes Wort	Wörter mit **äu** und Ableitung mit **au**
Feuer → anfeuern,	träumen → traumhaft,

2. Die folgenden Lösungswörter mit äu sind Merkwörter, zu denen es kein verwandtes Wort mit au gibt und die du dir gut einprägen musst.

etwas nicht tun wollen   (sich)   ☐ ☐ ☐ ä u ☐ ☐

stützender runder Bauteil   ☐ ☐ ☐ ☐

sich stimmlich bemerkbar machen   (sich)   ☐ ☐ ☐ ☐ ☐

Garn, das aufgerollt ist   ☐ ☐ ☐ ☐ ☐

etwas verpassen   ☐ ☐ ☐ ☐ ☐ ☐ ☐

jemanden in seinen Gefühlen verletzen   e n t ☐ ☐ ☐ ☐ ☐ ☐

3. Schreibe diese Merkwörter in die folgenden Wörterbilder; achte genau auf Ober- und Unterlängen der einzelnen Buchstaben.

© Schöningh 978-3-14-025130-3

Kurzer Wissenscheck

Doppellaute, die man leicht verwechseln kann: äu oder eu?

1. Ich kann die Schreibung von Wörtern mit äu durch eine andere Wortform mit au oder ein verwandtes Wort der Wortfamilie mit au erklären.

Gib jeweils eine Erklärung für die Schreibung von äu an.

Wort mit **äu**	andere Wortform oder verwandtes Wort mit **au**
ohrenbet**äu**bend	
vert**räu**mt	
der S**äu**gling	
das Ger**äu**sch	
sich h**äu**ten	
wiederk**äu**en	

2. Ich kann zu Wörtern mit eu mindestens ein verwandtes Wort aus der Wortfamilie aufschreiben und ich kann zwischen äu und eu unterscheiden.

a) Nenne mindestens ein verwandtes Wort mit eu.

a) Wort mit **eu**	verwandtes Wort aus der Wortfamilie mit **eu**
bed**eu**tend	
verd**eu**tlichen	
das Abgangsz**eu**gnis	
f**eu**rig	
die Beschl**eu**nigung	

b) Setze äu oder eu richtig ein. Denke daran: Es geht um Nachdenkwörter.

Gestern brach auf einem b____erlichen Anwesen ganz in unserer Nähe ein F____er aus. In einer Sch____ne hatte sich das Stroh entzündet. Ich war mit meinem Fr____nd gerade vom Schwimmbad gekommen. Da sahen wir, dass die ganze Gegend schon richtig einger____chert war. Viele Leute standen herum und schauten n____gierig zu. Die F____erwehrl____te hatten die Wasserschl____che angeschlossen. Einige B____me neben dem Brandherd sah man gar nicht mehr, so dicht war der Qualm. Auch das Nebengeb____de des Hofes und die umliegenden Wohnh____ser konnte man kaum noch erkennen. Den F____erwehrmännern gelang es aber schnell, das F____er einzudämmen.

3. Ich habe mir die Merkwörter mit äu eingeprägt und kann sie richtig schreiben.

Von den folgenden Wörtern werden vier Merkwörter mit äu geschrieben, vier Wörter werden mit eu geschrieben.

die S____le, die Tr____e, sich r____spern, die Entt____schung, die N____heit, abent____erlich, sich str____ben, das Z____gnis

Lösungen

Doppellaute, die man leicht verwechseln kann: äu oder eu?

Basismaterial (S. 23)

1. die Bäume – der Baum, der Verkäufer – kaufen, die Zäune – der Zaun, geräumig – der Raum, säuerlich – sauer, das Gebäude – bauen, die Räume – der Raum, die Träumerei – der Traum, häufig – der Haufen, äußerlich – außen, der Läufer – laufen, einräuchern – der Rauch
2. die Bäume – der Baum, erneuern – neu, bläulich – blau, die Treue – treu, die Geräusche – rauschen

Differenzierungsmaterial 1 (S. 24)

1. häufig – der Haufen, sich freuen – die Freude, das Räuchermännchen – rauchen, die Sträuße – der Strauß, äußerlich – außen, die Mäuse – die Maus, der Wiederkäuer – kauen, geräuscharm – rauschen, die Freundin – der Freund, verträumt – der Traum
2. Säure, Bäuerin, Bauer/Zaun, Räume/Rauch, Bauch/Häuptling, Haupt/kaufen, saufen/Raum, säumen
3. Beispiele:
   Nomen: die Reue – bereuen, reuig
   Adjektiv: freundlich – der Freund, die Freundlichkeit
   Verb: sich freuen – die Freude, freudig
   weitere Wortart: neunzehn – neun, neunzig

Differenzierungsmaterial 2 (S. 25)

1. Beispiele: Feuer → anfeuern, feurig; träumen → traumhaft, der Traum; Schläuche → Wasserschlauch
2. sich sträuben, Säule, sich räuspern, Knäuel, versäumen, enttäuschen
3. Reihenfolge der Wörterbilder: enttäuschen, Knäuel, sträuben, Säule, räuspern, versäumen

Kurzer Wissenscheck (S. 26)

1. ohrenbetäubend → taub, verträumt → der Traum, der Säugling → saugen, das Geräusch → rauschen, sich häuten → die Haut, wiederkäuen → kauen
2. a) bedeutend – die Bedeutung, verdeutlichen – deutlich, das Abgangszeugnis – der Zeuge, feurig – das Feuer, die Beschleunigung – beschleunigen
   b) bäuerlichen (Bauer), Feuer, Scheune, Freund, eingeräuchert (Rauch), neugierig, Feuerwehrleute, Wasserschläuche (Schlauch), Bäume (Baum), Nebengebäude (bauen), Wohnhäuser (Haus), Feuerwehrmänner, Feuer
3. Merkwörter mit äu: die Säule, sich räuspern, die Enttäuschung, sich sträuben

Modul 5: Groß- und Kleinschreibung: Nomen/Substantive und andere Wortarten

Nomen/Substantive erkennen

Dies weißt du bereits aus dem Unterricht:
- Satzanfänge schreibt man groß. Beispiel: **E**s war einmal eine schöne Prinzessin. **S**ie lebte in einem großen Schloss.
- Eigennamen schreibt man groß. Beispiele: **E**mmi, **M**ax, **B**ello
- Nomen/Substantive schreibt man groß. Beispiele: **H**und, **B**uch, **F**reundschaft, **L**ehrerin

Auf folgende Weise kannst du herausfinden, was ein Nomen/Substantiv ist:
- Man macht die **Artikelprobe**, indem man den bestimmten oder unbestimmten Artikel vor ein Nomen setzt: der (ein) Hund, das (ein) Buch, die (eine) Freundschaft.
- Nomen können außer dem Artikel auch andere Begleiter haben, z. B. ein Adjektiv, ein Pronomen, ein Zahlwort. Beispiele: **sein** Auto, **ihr** Buch, ein **schöner** Ausflug, **fünf** gute Freunde
- Nomen erkennt man oft an typischen Endungen wie -heit, -keit, -nis,- schaft, -er, -in.

1. Unterstreiche im folgenden Text alle Nomen/Substantive. Mache die Artikelprobe, wenn du unsicher bist.

   EINLADUNG FÜR MEINE BESTEN FREUNDINNEN UND FREUNDE
   ZU MEINEM GEBURTSTAG AM NÄCHSTEN MITTWOCH LADE ICH EUCH ALLE EIN. BRINGT EIN KOSTÜM MIT, DAMIT WIR UNS VERKLEIDEN KÖNNEN. ICH HOFFE, IHR HABT AUCH SPASS UND GUTE LAUNE DABEI. VERGESST DIE GESCHENKE NICHT.
   EURE FREUNDIN LUISA

2. Schreibe fünf Nomen/Substantive mit ihrem bestimmten Artikel auf.

   die Einladung, _____

   _____

3. Unterstreiche alle Nomen/Substantive und Eigennamen im folgenden Text.

   als tim zur geburtstagsfete erscheint, trägt er ein dickes paket unter dem arm. alle sind ganz gespannt auf das geschenk, das tim für seine freundin mitgebracht hat. luisa löst den bindfaden. in dem großen paket findet sie ein kleines päckchen und schließlich packt sie aus einem roten kasten ein haarband mit einer feder aus. „das passt ja prima zu meinem kostüm", ruft luisa voller freude. tim freut sich, dass sein geburtstagsgeschenk so gut ankommt. jetzt erscheint luisas mutter mit einem großen kuchen. alle setzen sich an den tisch. Dann wird erst einmal geschmaust.

4. Schreibe fünf Nomen mit ihrem Artikel und/oder einem anderen Begleiter auf.

   Zur (zu der) Geburtstagsfete, ein dickes Paket, _____

   _____

   _____

   _____

Nomen/Substantive und andere Wortarten

1. In den folgenden Nomen/Substantiven sind andere Nomen versteckt. Suche diese Nomen und schreibe sie heraus. Setze jeweils den bestimmten Artikel wie im Beispiel dazu. Denke daran, dass Nomen immer großgeschrieben werden.

Klaus – *die Laus* _____

Geheule – _____

Mohr – _____

Kleber – _____

Traum – _____

Rinde – _____

Schlamm – _____

Graben – _____

Verrat – _____

beherzt – _____

vereinfachen – das _____

beeindrucken – der _____

Verdienst – _____

Saal – _____

2. Lies von hinten nach vorn und schreibe das Nomen/Substantiv mit seinem bestimmten Artikel auf.

Not – *der Ton* _____

egal – *die* _____

Regal – _____

rot – _____

Lager – _____

Leben – _____

3. Hier wird mit Nomen/Substantiven gezaubert. Vervollständige die Reihen wie im Beispiel. In jeder Reihe darf nur ein Buchstabe ausgewechselt werden. Schreibe anschließend die vier Nomen mit ihrem Artikel in der üblichen Schreibweise auf die freien Linien.

Onkel → Angel   *der Onkel, der Enkel, der Engel, die Angel* _____

Tinte → Wanne   _____

Wald → Mahl   _____

Herz → Meer   _____

4. Hier sind einzelne Silben und Buchstaben von Nomen/Substantiven vertauscht. Schreibe die Nomen mit ihrem bestimmten Artikel auf.

HeftSchreib – *das Schreibheft* _____

diegummRari – _____

seLechenzei – _____

haerFültll – _____

eftBlstii – _____

eLalin – _____

buÜngsthef – _____

Nomen/Substantive und andere Wortarten

1. Schreibe den folgenden Text in der üblichen Form auf. Achte auf die Großschreibung der Satzanfänge und der Nomen.

    heute soll es ganz früh losgehen die ganze klasse freut sich schon seit einigen tagen auf den ausflug vor der schule wartet die Klasse 5b auf die ankunft des busses da vorn kommt er schon das wird bestimmt eine tolle fahrt

    _____

    _____

    _____

    _____

2. Bilde aus den folgenden Wörtern Nomen/Substantive bzw. neue Nomen mit den unten angegebenen Nomenendungen. Trage sie in die entsprechenden Spalten ein.

    heiter, freundlich, verschwenden, überraschen, Freund, Feind, krank, Held, gesund, schneidern, backen, kennen, tarnen, Mensch, versäumen, helfen, wagen, zeichnen, Zeuge, rund, atmen, laufen

    -heit   _____

    -keit   _____

    -ung   _____

    -er   _____

    -schaft   _____

    -tum   _____

    -nis   _____

    -in   _____

3. Bei den folgenden fett gedruckten Ausdrücken ist der Artikel in einer Präposition versteckt. Finde die ausführliche Form wie in dem Beispiel. Unterstreiche den Artikel.

    Anke und Tim stehen **am** (_an dem_) **Ufer**.

    Sie wollen morgen **zum** (_____ _____) **Baggersee** fahren.

    Übermorgen wollen sie sich **im** (_____ _____) **Schwimmbad** treffen.

    Beim (_____ _____) **Bäcker** gibt es auch Eis.

    Dies ist das Buch **vom** (_____ _____) **Zauberlehrling**.

    Ans (_____ _____) **Pult** gelehnt, hielt er eine kurze Rede.

4. Kannst du jetzt Nomen/Substantive von anderen Wortarten unterscheiden? Streiche alle Wörter durch, die keine Nomen sind. Mache die Artikelprobe, wenn du unsicher bist.

    EISVERKÄUFER, TROCKENHEIT, SEE, TIEF, HEISS, ZWEI, LÄUFST, REGEN, TROCKEN, WELLE, GEWITTER, BUDDELT, REGNET, STRANDKORB, HEUTE, ZWEI, WARM, AUSVERKAUFT, ZEITUNG, DIESER, MEIN

Modul 5: Groß- und Kleinschreibung: Nomen/Substantive und andere Wortarten

© Schöningh 978-3-14-025130-3

30

Nomen/Substantive und andere Wortarten

1. Schreibe den folgenden Text in der üblichen Form auf. Achte darauf,
   - Satzanfänge und Anfänge der wörtlichern Rede großzuschreiben,
   - alle Nomen/Substantive großzuschreiben.

   eindurstigergastgehtineinemilchbarundlässtsichvonderfreundlichenkellnerineinglasmilchbringen.nach demerstenschluckrufterdiebedienung:„diemilchschmecktabersehrwässrig!",meintervorwurfsvoll. diekellnerinbleibtganzruhig.schließlichmeintsie:„dasistkeinwunder,meinherr,seitwochenregnetesund diekuhhatwahrscheinlichzulangeimregengestanden."

   _____

   _____

   _____

   _____

   _____

   _____

   _____

2. Unterstreiche in deinem Text alle Nomen/Substantive, versieh die Begleitwörter (Artikel, Adjektiv, Pronomen), die auf ein Nomen hinweisen, mit einer Wellenlinie.

3. Suche aus dem Witz je vier Nomen, Verben und Adjektive heraus und ordne sie in die Tabelle ein.

vier Nomen/Substantive mit Artikel	vier Verben	vier Adjektive
die Milchbar	lässt	durstig

4. Unterstreiche im Folgenden alle Nomen/Substantive.

   FREUNDLICHKEIT, RENNT, SCHNELL, OFT, BESONDERS, EIS, HÄUFIG, HITZE, BEKOMMEN, HEISS, WETTER, LANGSAM, REGEN, FREUNDSCHAFT, LEHRERIN, KOMMT, BEGREIFT, SOFORT, LEISE

5. Schreibe die Nomen/Substantive mit ihrem bestimmten Artikel auf.

   _____

   _____

6. Schreibe die Nomen/Substantive mit einem anderen Nomensignal oder mehreren Nomensignalen auf (unbestimmter Artikel, Adjektiv, Pronomen).

   seine Freundlichkeit, _____

   _____

   _____

Modul 5: Groß- und Kleinschreibung: Nomen/Substantive und andere Wortarten

© Schöningh 978-3-14-025130-3

Kurzer Wissenscheck

Groß- und Kleinschreibung: Nomen/Substantive und andere Wortarten

1. Ich kann in einem Text Sätze unterscheiden.

Schreibe den Text in der üblichen Form auf: Setze hinter jeden Satz einen Punkt; schreibe den Satzanfang groß.

timistganzbegeistertmitPapawirderheuteNachmittaginsStadiongehenseinVereinmussumdenKlassener-
haltspielentimistjasogespannt,wiederneuestürmerheutespieltpapaundTimkennenalleSpielermitNamendas
wirdbestimmteintollerTag

_____

_____

_____

_____

_____

2. Ich kann Nomen/Substantive von anderen Wortarten unterscheiden.

Unterscheide in der folgenden Wortsammlung die großzuschreibenden Nomen von den anderen Wortarten, die kleingeschrieben werden. Schreibe die Nomen mit ihrem bestimmten Artikel in der richtigen Schreibweise auf.

beginnt, mitspieler, torwart, linie, hinter, schnell, begeisterung, sportplatz, rennt, fußball, zuschauer, schuss, kopf, schiedsrichter, brüllt, neben, begeistert, spiel, schimpft, anstoß, linienrichter, spielführer, laut, plötzlich, sofort, heute

_____

_____

_____

_____

3. Ich kann neue Nomen/Substantive mithilfe typischer Nomenendungen bilden.

Bilde (neue) Nomen aus den folgenden Wörtern und Silben. Setze vor das neue Nomen den bestimmten Artikel.

verwandt, begeistert, freundlich, Zeuge, Lehrer, herzlich, Bauer
Nomenendungen: -in, -schaft, -ung, -keit, -nis

_____

_____

_____

Lösungen

Groß- und Kleinschreibung: Nomen/Substantive und andere Wortarten

Basismaterial (S. 28)

1. Einladung, Freundinnen, Freunde, Geburtstag, Mittwoch, Kostüm, Spaß, Laune, Geschenke, Freundin
2. die Einladung, die Freundinnen, die Freunde, der Geburtstag, der Mittwoch
3. Namen und Eigennamen: Tim, Geburtstagsfete, Paket, Arm, Geschenk, Tim, Freundin, Luisa, Bindfaden, Paket, Päckchen, Kasten, Haarband, Feder, Kostüm, Luisa, Freude, Tim, Geburtstagsgeschenk, Luisas, Mutter, Kuchen, Tisch
4. auf das Geschenk, für seine Freundin, den Bindfaden, dem großen Paket, ein kleines Päckchen

Differenzierungsmaterial 1 (S. 29)

1. Geheule – die Eule, Mohr – das Ohr, Kleber – die Leber, Traum – der Raum, Rinde – das Rind, Schlamm – das Lamm, Graben – der Rabe, Verrat – der Rat, beherzt – das Herz, vereinfachen – das Fach, beeindrucken – der Eindruck, Verdienst – der Dienst, Saal – der Aal
2. die Lage, das Lager, das Tor, das Regal, der Nebel
3. die Tinte, die Tante, die Tanne, die Wanne/der Wald, der Wall, die Wahl, das Mahl/das Herz, der Herr, das Heer, das Meer
4. das Radiergummi, das Lesezeichen, der Füllhalter, der Bleistift, das Lineal, das Übungsheft

Differenzierungsmaterial 2 (S. 30)

1. Heute soll es ganz früh losgehen. Die ganze Klasse freut sich schon seit einigen Tagen auf den Ausflug. Vor der Schule wartet die Klasse 5b auf die Ankunft des Busses. Da vorn kommt er schon! Das wird bestimmt eine tolle Fahrt!
2. **-heit:** Heiterkeit, Krankheit, Gesundheit, Menschheit; **-keit:** Freundlichkeit; **-ung:** Verschwendung, Überraschung, Tarnung, Zeichnung, Rundung, Atmung; **-er:** Schneider, Bäcker, Helfer, Läufer; **-schaft:** Freundschaft, Feindschaft; **-tum:** Heldentum; **-nis:** Kenntnis, Versäumnis, Wagnis, Zeugnis; **-in:** Schneiderin, Bäckerin, Helferin, Läuferin
3. zu <u>dem</u> Baggersee, in <u>dem</u> Schwimmbad, bei <u>dem</u> Bäcker, von <u>dem</u> Zauberlehrling, an <u>das</u> Pult
4. **Nomen:** der Eisverkäufer, die Trockenheit, die See oder der See, der Regen, die Welle, das Gewitter, der Strandkorb, die Zeitung

Differenzierungsmaterial 3 (S. 31)

1./2. <u>Ein</u> durstiger <u>Gast</u> geht in <u>eine</u> <u>Milchbar</u> und lässt sich von <u>der</u> freundlichen <u>Kellnerin</u> <u>ein</u> <u>Glas</u> <u>Milch</u> bringen. Nach <u>dem</u> ersten <u>Schluck</u> ruft er <u>die</u> <u>Bedienung</u>: „<u>Die</u> <u>Milch</u> schmeckt aber sehr wässrig", meint er vorwurfsvoll. <u>Die</u> <u>Kellnerin</u> bleibt ganz ruhig. Schließlich meint sie: „Das ist <u>kein</u> <u>Wunder</u>, <u>mein</u> <u>Herr</u>, seit etlichen <u>Wochen</u> regnet es und <u>die</u> <u>Kuh</u> hat wahrscheinlich zu lange <u>im</u> <u>Regen</u> gestanden."
3. **vier Nomen:** der Gast, die Kellnerin, das Glas, die Milch; **vier Verben:** bringen, ruft, schmeckt, meint; **vier Adjektive:** freundlichen, wässrig, vorwurfsvoll, ruhig
4. Freundlichkeit, Eis, Hitze, Wetter, Regen, Freundschaft, Lehrerin
5. die Freundlichkeit, das Eis, die Hitze, das Wetter, der Regen, die Freundschaft, die Lehrerin
6. seine große Freundlichkeit, ein erfrischendes Eis, eine sengende Hitze, bei schlechtem Wetter, ein plötzlicher Regen, eine herzliche Freundschaft, meine nette Lehrerin

© Schöningh 978-3-14-025130-3

Kurzer Wissenscheck (S. 32)

1. Tim ist ganz begeistert. Mit Papa wird er heute Nachmittag ins Stadion gehen. Sein Verein muss um den Klassenerhalt spielen. Tim ist ja so gespannt, wie der neue Stürmer heute spielt. Papa und Tim kennen alle Spieler mit Namen. Das wird bestimmt ein toller Tag!

2. der Mitspieler, der Torwart, die Linie, die Begeisterung, der Sportplatz, der Fußball, der Zuschauer, der Schuss, der Kopf, der Schiedsrichter, das Spiel, der Anstoß, der Linienrichter, der Spielführer

3. Beispiele: die Verwandtschaft, die Begeisterung, die Freundlichkeit, das Zeugnis, die Lehrerin, die Herzlichkeit, die Bäuerin

Modul 6: Großschreibung von Verben, Adjektiven und anderen Wortarten

Es gibt bestimmte **Nomen- bzw. Substantivsignale**, an denen du Nomen erkennen kannst:

- den Artikel: **das H**aus, **ein T**ier, **die F**reundschaft, **zum** (**zu d**em) **S**ee
- ein begleitendes Pronomen oder Adjektiv: **meine W**ohnung, **ein schönes B**ild
- unbestimmte Mengenangaben: **kein S**trauch, **wenig N**ebel

Auch **andere Wortarten als das Nomen/Substantiv** können zu Nomen werden. Erkennungszeichen sind die **Nomen- bzw. Substantivsignale**:
das Laufen, **die K**leine, **beim B**aden, **wenig S**chönes, **alles G**ute, ohne **ein W**enn und **A**ber, **das H**ier und **H**eute

Nomen werden großgeschrieben, alle anderen Wortarten klein.

1. Ordne die folgenden Beispiele in die Liste ein. Kennzeichne die Nomen- bzw. Substantivsignale durch Unterstreichen.

   der Elefant, des Morgens, das Rufen, ein lautes Brüllen, das Tollste, eines Abends, am See, zur Talsperre, das Größte, meine Bücher, etwas Gutes, beim Lesen, das Du, das Mein und Dein, die Jungen und Alten

Nomen	nominalisiertes Verb	nominalisiertes Adjektiv	Großschreibung anderer Wortarten
der Elefant			

2. Hier ist alles kleingeschrieben. Ordne die Beispiele in die Tabelle unter Aufgabe 1 ein. Kennzeichne die Nomen-/Substantivsignale durch Unterstreichen.

   eines nachmittags, wenig gutes, am kochen, beim spielen, das wenn und aber, des morgens, das husten, die drei freunde, das beste, lautes rufen, der schnellste, viel schönes

3. Schreibe die folgenden Sprichwörter richtig auf.

   am vielen lachen erkennt man den narren. _____

   _____

   alles gute kommt von oben. _____

   dem tüchtigen gehört die welt. _____

   der langsame erreicht auch sein ziel. _____

   am abend wird der faule fleißig. _____

   es gibt nichts gutes, außer man tut es. _____

© Schöningh 978-3-14-025130-3

■ Großschreibung von Verben

Verben können zu Nomen werden. Du erkennst dies an bestimmten Nomen-/Substantivsignalen:

- bestimmter oder unbestimmter Artikel: **das L**aufen, **ein R**ufen
- Präposition: **beim K**ochen (bei dem Kochen)
- gebeugtes Adjektiv: **langsames L**aufen
- unbestimmte Mengenangabe: **kein P**etzen

Manchmal fehlt bei nominalisierten Verben im Satz der Artikel. Man könnte dann aber einen Artikel davor setzen: Im Zoo macht (das) **H**erumlaufen viel Spaß.

1. In dem folgenden Text werden sieben Verben großgeschrieben, unterstreiche sie.

FRÜHER WURDEN JUNGE SEEHUNDE, DIE IHRE MUTTERTIERE VERLOREN HATTEN, OFT EIN OPFER DER RAUBWALE. HEUTE ÜBERNIMMT DER MENSCH DAS AUFZIEHEN MUTTERLOS GEWORDENER JUNGTIERE. DIE AUFGABE DER AUFZUCHTSTATIONEN IST AUSSERDEM DAS BEHANDELN UND PFLEGEN KRANKER SEEHUNDE. AUCH DAS ERFORSCHEN DER LEBENS-GEWOHNHEITEN UND DAS VERÖFFENTLICHEN UND DOKUMENTIEREN WIRD VON DEN STATIONEN GEPFLEGT. SELBSTVERSTÄNDLICH IST DAS ZUSAMMENARBEITEN MIT ANDEREN AUFZUCHTSTATIONEN.

2. Setze das passende Verb aus dem Wortspeicher in die Reime ein. Unterstreiche die Nomen-/Substantivsignale wie Artikel und Präposition.

streicheln, trompeten, gurren, kreischen, füttern, beobachten

Das G_____ der Tauben kann mir nicht die Nerven rauben.

Mir macht nur zu schaffen das _____ der Affen.

Beim _____ der Elefanten denke ich an meine Verwandten.

Das _____ der Tiere im Streichelzoo macht die kleinen Kinder froh.

Im kleinen Zoo beim _____ der Ziegen wird die Zeit sehr schnell verfliegen.

Das _____ der Raubtiere in ihrem Käfig gefiel den Kindern nur sehr mäßig.

3. Formuliere jeweils Schilder für den Zoo. Nutze dazu die Nominalisierung/Substantivierung von Verben.

Streicheltiere füttern/nur spezielles Futter verwenden

> Für **das Füttern** der Streicheltiere
> bitte nur spezielles Futter verwenden!

Käfige betreten/nicht erlaubt

Wärter füttern Seelöwen/12 Uhr

Hunde mitführen/im Zoogelände verboten

auf den Felsen klettern/für Kinder lebensgefährlich

▪ Großschreibung von Adjektiven

> Wenn Adjektive zu Nomen werden, gehen ihnen oft bestimmte Nomen-/Substantivsignale voraus:
> - Artikel und Präposition: **das S**chönste, **ins** (in das) **S**chwarze treffen
> - unbestimmte Mengenangaben: **etwas S**innvolles, **wenig N**eues, **allerlei S**chönes

1. Schreibe die folgenden Sprichwörter in der üblichen Form auf. Kennzeichne die großzuschreibenden Adjektive. Unterstreiche das Nomensignal wie im Beispiel.

am abend wird der faule fleißig. _Am Abend wird der Faule fleißig._ _____

vereint sind auch die schwachen mächtig. _____

der feige ist der tapferste hinter dem ofen. _____

dem mutigen gehört die welt. _____

das schönste kommt immer am schluss. _____

2. In den folgenden Redensarten wird jeweils ein Adjektiv großgeschrieben. Unterstreiche das Nomen-/Substantivsignal.

ER WAGT DEN VOLLEN EINSATZ UND GEHT <u>AUFS</u> GANZE.
SIE LÜGT DAS BLAUE VOM HIMMEL HERUNTER.
KAI GIBT SEINEN NEUESTEN WITZ ZUM BESTEN.
ES WIRD SICH ALLES ZUM GUTEN WENDEN.
ER VERSUCHT MAL WIEDER, ALLES SCHLECHT ZU MACHEN UND IM TRÜBEN ZU FISCHEN.
MIT IHRER ANTWORT HAT LEA INS SCHWARZE GETROFFEN.
WENN ER ETWAS TUN SOLL, SUCHT ER SOFORT DAS WEITE.
ER SUCHT VERZWEIFELT NACH EINER ANTWORT UND TAPPT WEITER IM DUNKELN.

3. In den folgenden Satzpaaren wird in einem Satz ein Adjektiv zum Nomen/Substantiv und großgeschrieben, in dem anderen Satz wird das Adjektiv wie üblich kleingeschrieben. Streiche den falschen Buchstaben durch.

Alles **G/g**ute kommt von oben.

Tim hat ein **G/g**utes Buch gelesen.

Dem **T/t**üchtigen gehört die Welt.

Tina hat **T/t**üchtig dazugelernt.

Es gibt manches **S/s**chöne in der Schule, aber das **S/s**chönste sind die Pausen.

Karo schwärmt für **S/s**chöne Kleider.

Der **L/l**angsame kommt auch ans Ziel.

Benny arbeitet **L/l**angsam, aber sorgfältig.

Das sind die **W/w**eisen, die durch den Irrtum zur Wahrheit reisen.

Tom gibt manchmal in der Klasse **W/w**eise Sprüche von sich.

Modul 6: Großschreibung von Verben, Adjektiven und anderen Wortarten

Differenzierungsmaterial 3

Groß- und Kleinschreibung von Zeitangaben

Zeitangaben werden **kleingeschrieben**, wenn es sich um die Wortart **Adverb** handelt:
heute, **g**estern, **m**orgen, **d**ienstags, **n**achts, **m**orgens

Für die **Großschreibung von Zeitangaben** gibt es bestimmte **Nomen-/Substantiv-signale**:

- Artikel und/oder Adjektiv vor dem Nomen: **der D**ienstag, **ein schöner** Morgen, **des** Montags, **eines** Nachts, **das** Heute und Morgen
- Pronomen vor dem Nomen: **jeder** Montag, **dieser** Samstag
- Präposition vor dem Nomen: **am** (an dem) Nachmittag
- Zeitadverb vor dem Nomen: **heute** Nachmittag, **gestern** Abend

1. Klein- oder großgeschrieben? Streiche die falsche Schreibung durch.
   - Man sollte **H/h**eute manchmal auch an das **M/m**orgen denken.
   - An jedem **M/m**ittwochnachmittag nimmt Kora an einem Gymnastikkurs teil.
   - Wenn das Wetter mitspielt, werden wir **M/m**orgen gegen **A/a**bend grillen.
   - Gestern **A/a**bend gab es Krach, weil Moritz zu spät nach Hause kam.
   - Immer **D/d**ienstags hat Julia am **N/n**achmittag wenig Zeit.

2. Kennzeichne im folgenden Text die Zeitangaben zu Wochentagen und Tageszeiten mit einer Wellenlinie.
   Übernimm die unten stehende Liste in dein Heft und trage die Zeitangaben mit den Nomensignalen links, die Zeitadverbien rechts ein. Unterstreiche bei den großzuschreibenden Ausdrücken die Nomen-/Substantivsignale.

   Klassenausflug am Donnerstag
   Die Klasse 6d macht morgen eine Fahrt nach Kassel. Weil montags immer die Museen geschlossen sind, hat sich die Klasse für den Mittwoch entschieden. Frau Rademacher, die Klassenlehrerin, hat heute Morgen im Unterricht alles mit der Klasse besprochen. Die Fahrt wird schon morgens losgehen. Am Nachmittag will die Klasse vom Grimm-Museum bis zum Herkules-Denkmal wandern. Am frühen Abend wird der Bus dann wieder zurück sein. Einige interessieren sich für das Theaterstück, das spät abends von der 10b aufgeführt wird.

   Großgeschrieben   **Kleingeschrieben: Zeitadverbien**

   am Donnerstag

3. In den folgenden Sätzen ist jeweils eine Zeitangabe falsch geschrieben. Korrigiere, schreibe richtig darüber.

   - Lars hat eine anstrengende Woche vor sich, denn Wochentags ist er fast immer unterwegs.
   - Jeden montag geht er abends zur Musikschule.
   - Und am Dienstag will er sich Nachmittags mit seinem Freund Uli treffen.
   - Des mittwochs hat Lars immer Reitunterricht.
   - Lars will am kommenden donnerstag zu Elsas Geburtstag.
   - Der Nachmittag ist Freitags für Tim und Lars reserviert.

Modul 6: Großschreibung von Verben, Adjektiven und anderen Wortarten

© Schöningh 978-3-14-025130-3

Kurzer Wissenscheck

Großschreibung von Verben, Adjektiven und anderen Wortarten

1. Ich weiß, dass außer den Nomen/Substantiven auch andere Wortarten zu Nomen werden können und dann großzuschreiben sind. Ich erkenne dies an Nomensignalen.

Unterscheide: groß- oder kleingeschrieben? Kennzeichne die groß- und kleinzuschreibenden Wörter wie im Beispiel; unterstreiche die Nomensignale.

MEIN LIEBSTES, ABENDS, DES NACHTS, AM MONTAGMORGEN, GESTERN NACHMITTAG, EIN

SCHÖNER TAG, HEUTE, WENIG SCHÖNES, EIN KOMMEN UND GEHEN, DAS HIN UND HER

2. Ich kann die Groß- und Kleinschreibung unterschiedlicher Wortarten unterscheiden.

Unterscheide in den Satzpaaren zwischen falscher und richtiger Schreibung; streiche jeweils die falschen Buchstaben durch.

Fred geht heute mit seinem Freund zum **S/s**chwimmen.
Am Lippesee kann man im Sommer gut **S/s**chwimmen.

Tessa kommt **M/m**orgen wieder.
Man sollte heute manchmal auch an das **M/m**orgen denken.

Dies ist **M/m**ein Buch und das ist **D/d**ein Buch.
Das **M/m**ein und **D/d**ein sollte man nicht verwechseln.

Ich komme ohne **W/w**enn und **A/a**ber mit.
Ich fahre nur mit, **W/w**enn du mitkommst, **A/a**ber allein habe ich keine Lust.

Das **D/d**u wollte Karo einfach nicht über die Lippen gehen.
Dass **D/d**u meine Freundin bist, weiß ich.

Im Märchen spielt die **D/d**rei immer wieder eine Rolle.
Das arme Mädchen hat im Märchen **D/d**rei Wünsche frei.

3. Ich kann nominalisierte Adjektive und kleinzuschreibende Adjektive unterscheiden.

Unterstreiche die großzuschreibenden Adjektive.

FREUNDLICH, EIN NETTER JUNGE, ALLES GUTE, VIEL SCHÖNES, IM ALLGEMEINEN, WENIG SPANNENDES, TOLL, ALLERLEI MERKWÜRDIGES, IM ÜBRIGEN, HÄUFIG, DAS TOLLSTE

4. Ich kann die Groß- und Kleinschreibung bei Zeitangaben unterscheiden.

Kennzeichne die großzuschreibenden Buchstaben, indem du sie umkreist, unterstreiche die Nomensignale.

AM GESTRIGEN NACHMITTAG, HEUTE MITTAG, DES ABENDS, MORGEN, EIN SCHÖNER SONNTAG, MORGENS, AM MITTWOCHMORGEN, NACHTS, GESTERN NACHT, OFT

© Schöningh 978-3-14-025130-3

Lösungen

Großschreibung von Verben, Adjektiven und anderen Wortarten

Basismaterial (S. 35)

1. **Nomen:** der Elefant, des Morgens, eines Abends, am See, zur Talsperre, meine Bücher
   nominalisiertes Verb: das Rufen, ein lautes Brüllen, beim Lesen
   nominalisiertes Adjektiv: das Tollste, das Größte, etwas Gutes, die Jungen und Alten
   Großschreibung anderer Wortarten: das Du, das Mein und Dein
2. **Nomen:** eines Nachmittags, des Morgens, die drei Freunde
   nominalisiertes Verb: am Kochen, beim Spielen, das Husten, lautes Rufen;
   nominalisiertes Adjektiv: wenig Gutes, das Beste, der Schnellste, viel Schönes;
   Großschreibung anderer Wortarten: das Wenn und Aber
3. Am vielen **Lachen** erkennt man den Narren. Alles **Gute** kommt von oben. Dem **Tüchtigen** gehört die Welt. Der **Langsame** erreicht auch sein Ziel. Am Abend wird der **Faule** fleißig. Es gibt nichts **Gutes**, außer man tut es.

Differenzierungsmaterial 1 (S. 36)

1. **Sieben Verben:** das Aufziehen, das Behandeln und Pflegen, das Erforschen, das Veröffentlichen und Dokumentieren, das Zusammenarbeiten
2. das Gurren der Tauben, das Kreischen der Affen, beim Trompeten der Elefanten, das Füttern der Tiere, beim Streicheln der Ziegen, das Beobachten der Raubtiere
3. Das Betreten der Käfige ist nicht erlaubt. Das Füttern der Seelöwen durch die Wärter erfolgt um 12 Uhr. Das Mitführen von Hunden im Zoogelände ist verboten. Das Klettern auf den Felsen ist für Kinder lebensgefährlich.

Differenzierungsmaterial 2 (S. 37)

1. Vereint sind auch die **S**chwachen mächtig. **D**er **F**eige ist der **T**apferste hinter dem Ofen. **D**em **M**utigen gehört die Welt. Das **S**chönste kommt immer am Schluss.
2. Sie lügt das **B**laue vom Himmel herunter. Kai gibt seinen neuesten Witz zum **B**esten. Es wird sich alles zum **G**uten wenden. Er versucht mal wieder, alles schlecht zu machen und im **T**rüben zu fischen. Mit ihrer Antwort hat Lea ins **S**chwarze getroffen. Wenn er etwas tun soll, sucht er sofort das **W**eite. Er sucht verzweifelt nach einer Antwort und tappt weiter im **D**unkeln.
3. Alles **G**ute kommt von oben. Tim hat ein **g**utes Buch gelesen. Dem **T**üchtigen gehört die Welt. Tina hat **t**üchtig dazugelernt. Es gibt manches **S**chöne in der Schule, aber das **S**chönste sind die Pausen. Karo schwärmt für **s**chöne Kleider. Der **L**angsame kommt auch ans Ziel. Benni arbeitet **l**angsam, aber sorgfältig. Das sind die **W**eisen, die durch den Irrtum zur Wahrheit reisen. Tom gibt manchmal in der Klasse **w**eise Sprüche von sich.

Differenzierungsmaterial 3 (S. 38)

1. • Man sollte **h**eute manchmal auch an das **M**orgen denken. • An jedem **M**ittwochnachmittag nimmt Kora an einem Gymnastikkurs teil. • Wenn das Wetter mitspielt, werden wir **m**orgen gegen **A**bend grillen. • Gestern **A**bend gab es Krach, weil Moritz zu spät nach Hause kam. • Immer **d**ienstags hat Julia am **N**achmittag wenig Zeit.
2. **Großgeschrieben:** am **D**onnerstag, den **M**ittwoch, heute **M**orgen, am **N**achmittag, am **f**rühen **A**bend;
   kleingeschrieben: morgen, montags, morgens, spät abends
3. wochentags, Montag, nachmittags, Mittwochs, Donnerstag, freitags

40

Kurzer Wissenscheck (S. 39)

1. <u>des</u> Nachts, <u>am</u> Montagmorgen, <u>gestern</u> Nachmittag, <u>ein</u> <u>schöner</u> Tag, heute, <u>wenig</u> Schönes, <u>ein</u> Kommen und Gehen, <u>das</u> Hin und Her

2. zum **S**chwimmen, gut **s**chwimmen/**m**orgen, an das **M**orgen/**m**ein Buch, **d**ein Buch, das **M**ein und **D**ein/ohne **W**enn und **A**ber, **w**enn du mitkommst, **a**ber allein/Das **D**u, Dass **d**u/die **D**rei, **d**rei Wünsche

3. alles Gute, viel Schönes, im Allgemeinen, wenig Spannendes, allerlei Merkwürdiges, im Übrigen, das Tollste

4. <u>am</u> <u>gestrigen</u> Nachmittag, <u>heute</u> Mittag, <u>des</u> Abends, <u>ein</u> <u>schöner</u> Sonntag, <u>am</u> Mittwochmorgen, <u>gestern</u> Nacht

Modul 6: Großschreibung von Verben, Adjektiven und anderen Wortarten

© Schöningh 978-3-14-025130-3

Modul 7: Schreibung lang ausgesprochener, betonter Vokale (Dehnung)

Lang ausgesprochene Vokale **(a, e, i, o, u)** werden im Schriftbild auf unterschiedliche Weise gekennzeichnet.

- Die meisten Wörter mit lang ausgesprochenem Vokal sind **Mitsprechwörter** und haben kein Längezeichen: der Bote, die Schule, das Tal, sie beten, er kam.
- Etliche **Merkwörter** mit lang ausgesprochenem Vokal haben ein h als Längezeichen: der H**ah**n, das H**uh**n, der Le**h**rer, sie ke**h**ren, sie fü**h**len
- Einige **Merkwörter** haben einen Doppelvokal als Längezeichen: das M**oo**r, das P**aa**r, das M**ee**r (Wörter mit **uu** gibt es nicht, ebenso wenig doppelte Umlaute).

Das lang ausgesprochene [i] ist ein Sonderfall.
- Die meisten Wörter mit einem [i]-Laut werden mit **ie** geschrieben: s**ie**ben, das F**ie**ber, l**ie**ben, er f**ie**l
- Eine Reihe von **Merkwörtern** werden mit **i** geschrieben: die B**i**bel, der T**i**ger, das Benz**i**n, das Magaz**i**n
- Wenige **Merkwörter** werden mit **ih** geschrieben: **ih**n, **ih**m, **ih**r, **ih**nen
- Wenige **Merkwörter** werden mit **ieh** geschrieben: das V**ieh**, er s**ieh**t, er fl**ieh**t

1. Um die richtige Schreibweise zu trainieren, hilft es dir, Wortfamilien zu bilden, weil in verwandten Wörtern der lang ausgesprochene Vokal in der Regel gleich geschrieben wird. Stelle zu den angegebenen Wörtern Wortfamilien zusammen mit wenigstens zwei verwandten Wörtern; unterstreiche jeweils den lang ausgesprochenen Vokal und ggf. auch das Längezeichen.

die W**ah**l – *wählen, der Wähler* _____   die L**ee**re – _____

groß – _____   beten – _____

der Tee – _____   schaden – _____

der Zahn – _____   sieben – _____

der Riese – _____   zahm – _____

2. Manche Wörter mit h sind Mitsprechwörter, weil man das gehauchte h heraushören kann. Sprich die folgenden Wörter langsam. Zeichne die Silbenbögen. Bilde die Personalform der 3. Person Präsens. Hier kann man das h nicht heraushören.

Infinitiv (Grundform des Verbs)	Personalform (gebeugte Form des Verbs)
sehen	*sie sieht*
flehen	_____
drehen	_____
mähen	_____
nähen	_____
glühen	_____
fliehen	_____
geschehen	*es* _____

Schreibung der lang ausgesprochenen, betonten Vokale a, e, o, u

1. Kennzeichne in den Unsinnsversen alle lang ausgesprochenen Vokale (a, e, o, u) durch Unterstreichen.

   [u]: Der großen Kuh, der passt kein Schuh, sie gibt keine Ruh und brüllt immerzu.

   [o]: Im großen Zoo trainiert ein Floh, das mag er so.

   [e]: Die Fee am See, die hat es schwer, denn sie weint so sehr.

   Der große Zeh, der tut der Fee am See ganz furchtbar weh.

   [a]: Jetzt sprach der Aal vor seiner Wahl ein letztes Mal im großen Saal.

2. Ordne die Wörter mit lang ausgesprochenem Vokal in die Tabelle ein.

Gesprochen: langes u		langes o			langes e			langes a		
u	uh	o	oo	oh	e	ee	eh	a	aa	ah

(Zeilenbeschriftung links: Geschrieben)

3. Suche zu den folgenden Wörtern mindestens noch zwei Wörter der Wortfamilie. Beachte, dass der lange Vokal in der gesamten Wortfamilie gleich geschrieben wird.

   der Fehler – *fehlerhaft, fehlen* _____   der Regen – _____

   der See – _____   holen – _____

   das Boot – _____   der Zoo – _____

   schlagen – _____   fühlen – _____

   die Blume – _____   lehren – _____

4. Kennzeichne in den markierten Wörtern den lang ausgesprochene Vokal (a, e, i, o, u). Schreibe die Wörter auf und suche zu jedem Wort ein verwandtes Wort oder eine andere Wortform. Achte auf die gleiche Schreibweise in den verwandten Wörtern.

   Schilda und seine **Bewohner**
   Im Mittelalter **gab** es eine Stadt, die Schilda **hieß**. Ihre **Einwohner hießen** Schildbürger. Es waren **komische** Leute, denn sie machten wirklich alles **verkehrt**. Auch **nahmen** sie alles wörtlich, was man **ihnen sagte**. Wenn jemand sagte, sie hätten ein Brett vor dem Kopf, dann packten sie sich **tatsächlich** an die Stirn und **versuchten**, das Brett von dort zu entfernen.

   Bew(oh)ner – w(oh)nen, _____

   _____

   _____

   _____

   _____

Modul 7: Schreibung lang ausgesprochener, betonter Vokale (Dehnung)

■ **Schreibung des lang ausgesprochenen i-Lautes**

1. Unterstreiche in dem folgenden Unsinnstext alle Wörter mit lang ausgesprochenen i. Ordne sie in die Liste ein.

   Dies verriet mir ein Riese auf einer Wiese und ich glaubte ihm dieses nicht ganz: „Ein Wiesel sieht auf einer Riesenwiese viele Tiere, die laut niesen."

Lang ausgesprochener i-Laut

Geschrieben	ie	i	ih	ieh
	dies,			

2. Ordne auch die folgenden Wörter in die Liste ein.

   das Benzin, das Vieh, sie flieht, ihr, es zieht, die Bibel, der Tiger, er rief, die Violine, die Mandarine, der Delfin, dir, ihnen, sie lief

3. Ergänze die fehlenden Reimwörter mit ie.

   Heute Nacht, als alles schlief, schrieb ich diesen Liebesbrief.

   Bitte, glaub mir, sehr viel lieber,   deshalb dieses schöne Sp_____.

   legt' ich meine müden G_____   Jetzt beginne ich zu fr_____,

   jetzt sofort zum Schlafen n_____,   nein, ich will dich nicht ver_____.

   nun, ich wiederhol es w_____: Ich falle vor dir auf die Kn_____,

   Du bedeutest mir sehr v_____,   bitte dich: „Vergiss mich n_____!"

4. Schreibe zu den folgenden Reimwörtern ein verwandtes Wort mit ie auf.

   der Liebesbrief – *die Liebe*, nieder – _____, viel – _____,

   frieren – _____, das Knie – _____, wieder – _____, nie – _____

5. Schreibe Reimwörter auf. Achte auf die richtige Schreibweise.

   es geschieht   die Schiene   sieben   diskutieren   der Hieb   das Benzin

   er si_____   die M_____   l_____   train_____   das S_____ der Del_____

   er fl_____   prob_____   die Mandarine

                                               tapez_____   die Apfel_____

Modul 7: Schreibung lang ausgesprochener, betonter Vokale (Dehnung)

Kurzer Wissenscheck

Schreibung lang ausgesprochener, betonter Vokale (Dehnung)

1. Ich kenne wichtige Tipps und Tricks für die Schreibung von Wörtern mit langem Vokal.

Streiche die vier richtigen Aussagen an.

☐ Alle Wörter mit langem betontem Vokal sind Mitsprechwörter. Man kann die richtige Schreibung heraushören.

☐ Bei manchen Wörtern mit gehauchtem h (z. B. gehen) kann man das h heraushören.

☐ Die meisten Wörter mit lang gesprochenem i werden mit ie geschrieben.

☐ Es gibt keine Verdoppelung des Vokals u.

☐ Die meisten Wörter mit lang ausgesprochenem Vokal werden mit Doppelvokal geschrieben (z. B. Moor).

☐ Umlaute (ä, ö, ü) werden nie verdoppelt.

2. Ich habe mir die richtige Schreibweise von Wörtern mit langem, betontem Vokal gemerkt.

In diesen Unsinnssätzen stehen so viele Fehler wie jeweils Striche am Rand stehen. Die falsch geschriebenen Wörter sehen komisch aus. Korrigiere sie, schreibe die richtige Schreibweise darüber.

I – Kennst du schon den Seh, wo die Fee wohnt?
I – Vor lauter Wut schmiss er seinen Hut ohne Gruß auf den Bohden.
I – Schon vor dem ersten Ton forderten die Musiker ihren Lon.
II – Das alte Par mit weißem Hahr saß auf dem Kahn.
II – Das rote Bot versank im tiehfen Moor.

3. Ich kenne wichtige Lernwörter mit ieh.

Ordne die Wörter dem jeweiligen Buchstabenbild zu. Suche zu jedem Wort ein verwandtes Wort, das ebenfalls mit ieh geschrieben wird.

Vieh, fliehen, ziehen, wiehern

a) _____ b) _____ c) _____ d) _____ _____

_____

4. Ich kann zu bestimmten Verben das Präteritum (die Vergangenheitsform) bilden.

Präsens (Gegenwartsform)	Präteritum (Vergangenheitsform)
es steigt	*es stieg*
wir laufen	
sie rufen	
sie fällt	

© Schöningh 978-3-14-025130-3

Lösungen

Schreibung lang ausgesprochener, betonter Vokale (Dehnung)

Basismaterial (S. 42)

1. die Leere – leeren, entleeren; groß – vergrößern, die Größe; beten – das Gebet, vorbeten; der Tee – die Teekanne, der Früchtetee; schaden – schädlich, der Schaden; der Zahn – das Zahnweh, der Zahnarzt; sieben – siebzehn, siebzig; der Riese – riesenhaft, riesig; zahm – zähmen, die Zähmung
2. flehen – er fleht, drehen – sie dreht, mähen – er mäht, nähen – sie näht, glühen – sie glüht, fliehen – er flieht, geschehen – es geschieht

Differenzierungsmaterial 1 (S. 43)

1./2. u: immerzu; **uh:** Kuh, Schuh, Ruh//**o:** so; **oo:** Zoo; **oh:** Floh//**e:** schwer; **ee:** Fee, See; **eh:** sehr, Zeh, weh//**a:** sprach, Mal; **aa:** Aal, Saal; **ah:** Wahl
3. der Regen – der Regenschirm, regnen; der See – die Seefahrt, seetüchtig; holen – hereinholen, aufholen; das Boot – ausbooten, die Bootsfahrt; der Zoo – der Zooeingang, das Zoorestaurant; schlagen – der Schläger, ausschlagen; fühlen – das Gefühl, gefühlvoll; die Blume – der Blumenladen, blumig, der Blumensamen; lehren – belehren, der Lehrer
4. ga**b** – die Ga**b**e, sie hie**ß** – sie hie**ß**en, Einw**oh**ner – bew**oh**nen, sie hie**ß**en – er hie**ß**, k**o**mische – die K**o**mik, verke**hr**t – der Verke**hr**, sie n**a**hmen – er n**a**hm, **ih**nen – **ih**n, s**a**gte – die S**a**ge, t**a**tsächlich – die T**a**ten, vers**u**chten – der Vers**u**ch

Differenzierungsmaterial 2 (S. 44)

1./2. Dies verriet mir ein Riese auf einer Wiese und ich glaubte ihm dieses nicht ganz: „Ein Wiesel sieht auf einer Riesenwiese viele Tiere, die laut niesen."

Geschrieben:	ie	i	ih	ieh
	dies, verriet, der Riese, die Wiese, dieses, das Wiesel, die Riesenwiese, viele, die Tiere, niesen//er rief, sie lief	mir//das Benzin, die Bibel, der Tiger, die Violine, die Mandarine, der Delfin, dir	ihm//ihr, ihnen	sieht//das Vieh, sie flieht, es zieht

3. Glieder, nieder, wieder, viel, Spiel, frieren, verlieren, Knie, nie
4. nieder – der Niedergang, viel – der Vielfraß, frieren – erfrieren, das Knie – knien, wieder – wiederkommen, nie – niemals
5. es geschieht, er sieht, er flieht/die Schiene, die Miene/sieben, lieben/diskutieren, trainieren, probieren, tapezieren/der Hieb, das Sieb/das Benzin, der Delfin/die Mandarine, die Apfelsine

Kurzer Wissenscheck (S. 45)

1. Richtig sind: 2, 3, 4, 6
2. 1. Zeile: See, 2. Zeile: Boden, 3. Zeile: Lohn, 4. Zeile: Paar, Haar, 5. Zeile: Boot, tiefen
3. a) fliehen b) Vieh, c) ziehen, d) wiehern; verwandte Wörter: entfliehen, das Viehfutter, der Erzieher, das Gewieher
4. wir laufen – wir liefen, sie rufen – sie riefen, sie fällt – sie fiel

Modul 8: s-Laute

gezischt …

gesummt …

1. Das **weich, gesummt (oder stimmhaft) ausgesprochene s** wird immer mit einfachem s geschrieben: Esel, Rose, sausen.

Mit einfachem s schreibst du auch, wenn du einen scharf oder gezischt gesprochenen s-Laut hörst, aber eine andere Wortform oder ein verwandtes Wort mit gesummtem s bilden kannst. Beispiele: er liest – lesen; das Haus – Häuser, die Glasscherben – Gläser.

2. Wenn du ein **scharfes, gezischt ausgesprochenes (oder stimmloses) s** hörst, schreibst du ss oder ß (wenn (1.) nicht zutrifft).
- Geht ein kurzer Vokal voraus, schreibst du ss: Klasse, messen, Risse,
- Geht ein langer Vokal oder Doppellaut voraus, schreibst du ß: Gruß, fließen

1. Sprich die folgenden Wörter halblaut, sodass du das gesummte s oder das gezischte s heraushörst. Zeichne zunächst einmal die Sprechbögen unter die Wörter.

   der Käse [   ], fließen [   ], die Riesen [   ], die Späße [   ], die Klasse [   ], wissen [   ],

   die Wiese [   ], lassen [   ]

2. Bei welchen s-Lauten hörst du ein weiches, gesummtes s, bei welchen ein scharfes, gezischtes s? Kennzeichne in der Klammer mit **s** (gesummt) oder **z** (gezischt).

3. Entscheide, welcher s-Laut eingesetzt werden muss:
   - **s**ummen wie eine Biene: **s**
   - **z**ischen wie eine Schlange: **ß**

   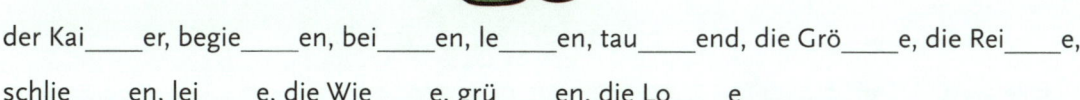

   der Kai____er, begie____en, bei____en, le____en, tau____end, die Grö____e, die Rei____e,

   schlie____en, lei____e, die Wie____e, grü____en, die Lo____e

4. ss oder ß? Achte auf den Vokal vor dem s-Laut; kennzeichne ihn wie im Beispiel (kurzer Vokal: Punkt; langer Vokal: Unterstreichung).
   - Wird der Vokal kurz ausgesprochen, schreibst du: ss
   - Wird er lang ausgesprochen, dann schreibst du: ß

   wir wi̇____en, er bei____t, sie verge____en, sie genie____en, es flie____t, die Schü____e, die Nu____,

   er fra____, sie sa____en, die Kla____e, die Ri____e

5. Bilde die Pluralformen. Kennzeichne jeweils den langen Vokal.

   der Fuß – *die Füße*, der Gruß – _____ _____, der Strauß – _____ _____,

   der Kloß – _____ _____, das Maß – _____ _____

6. Suche Reimwörter mit ss und ß.

fließen	heißen	gefräßig	hassen	die Flüsse
g_____	b_____	m_____	l_____	die G_____

© Schöningh 978-3-14-025130-3

Differenzierungsmaterial 1

◼ s-Laute

1. Setze Reimwörter mit weich bzw. gesummt ausgesprochenem s ein.

Isst du eine gute Spei____e, genieß sie auf besondere W_____.

Wenn warme Winde um uns kr_____, dann möchte jeder gern verrei____en.

Willst du machen diese Rei____e, dann vergleich zuerst die P_____.

Jeder muss ein Rätsel lö____en, dabei darf jetzt keiner d_____.

Paula will schon wieder lo____en, doch sie gewinnt jetzt nur zwei R_____.

Die Zuschauer fangen an zu ra____en, als die Stürmer zum Angriff b_____.

2. Suche zu den folgenden Wörtern mit s (linke Spalte) jeweils zwei Beispiele für eine andere Wortform oder ein verwandtes Wort mit gesummtem s.

geschrieben: s; gesprochen: gezischt

geschrieben: s, gesprochen: gesummt

sie liest   *lesen, das Lesebuch* _____

er verreist   _____

das Gras   _____

sie löste   _____

er verspeiste   _____

er beweist   _____

3. Setze ein: ss oder ß? Ordne in die Tabelle ein. Kennzeichne wie im Beispiel.

der Fu____boden, die Wi____enschaft, das Flo____, der Strau____, die Gro____stadt,

der Genu____, der Beschlu____, der Fu____ball, das Schlo____, verschlie____en,

die Sü____igkeit, grü____en, sie verga____en, e____en, la____en

ss: wenn vorausgehender Vokal kurz	**ß: wenn vorausgehender Vokal lang**
die Wissenschaft, _____	*der Fußboden,* _____
_____	_____
_____	_____

4. Setze ein: s, ss oder ß? Beachte die Hinweise im Basismaterial.

Kurzkrimi

Ede Langfinger hat mal wieder etwas ausgefre____en. In ra____antem Tempo jagt er mit seinem

Wagen über die regenna____e Stra____e. Schon ist ihm die Polizei dicht auf den Fer____en. Ein

Schu____ zerrei____t die Stille. Das Auto ra____t weiter und rei____t eine Stra____enlaterne um.

Schlie____lich stö____t es gegen eine Hau____wand. Eilig verlä____t Ede sein Auto. Jetzt flüchtet er

zu Fu____ weiter. Er schie____t um sich und ra____t auf den Flu____ zu. Nun ist er eingekrei____t

und rei____t die Arme hoch. Er wei____, dass er nun für einige Zeit hinter Schlo____ und Riegel

mu____.

s-Laute

1. Schreibe mithilfe der Wortsterne möglichst viele Wörter mit s, ss und ß auf. Zeichne zu den zwei- und mehrsilbigen Wörtern den Silbenbogen.

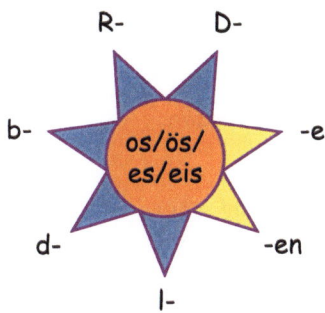 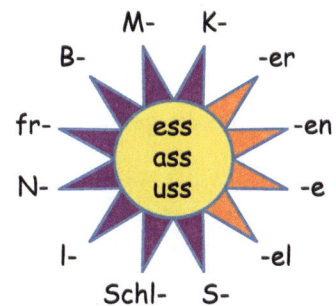 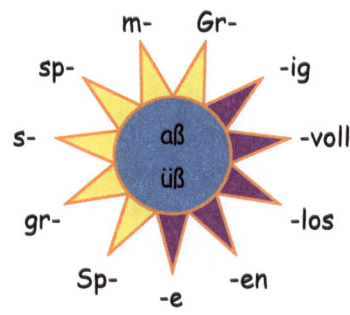

Rose, _____

_____

_____

_____

2. Bei manchen verwandten Wörtern wird einmal mit ss und einmal mit ß geschrieben. Suche ein verwandtes Wort oder ein andere Wortform mit ss. Kennzeichne den langen und kurzen Vokal wie im Beispiel.

Wörter mit ß nach langem Vokal	Wörter mit ss nach kurzem Vokal
er beißt	der Biss
er weiß	
er fraß	
sie ließen	
schließen	
sie aßen	essen
er gießt	sie gossen

3. Trage ein: s, ss oder ß? Beachte die Hinweise im Merkkasten des Basismaterials.

Kuno, der große Fre____er

Kuno liebt ma____loses Fre____en über alles. Immer quält ihn sein bei____ender Hei____hunger und macht ihn ra____end. Wenn serviert wird, fri____t er alles in sich hinein: Gro____e Klö____e aus Grie____, Fleischspie____e mit sü____saurer E____igso____e, rie____ige Nu____torten mit Schokoladengu____, Gemü____e, zum Schlu____ Kä____e. Danach gie____t er Zuckerwa____er, Do____enbier und Brau____e in sich hinein. Nach die____er Fre____schlacht ist Kunos Hei____hunger ein wenig gestillt. In Gedanken genie____t er aber schon das nächste E____en.

© Schöningh 978-3-14-025130-3

Kurzer Wissenscheck

s-Laute

1. Ich kann ein weiches oder gesummtes s heraushören.

Unterstreiche in den folgenden Versen die s-Laute, die gesummt ausgesprochen werden.

- Auf ihrer Reise sang die kleine Meise auf ihre Weise ganz besonders leise.
- Sieben süße Ameisen wollen verreisen, doch hinter einem Felsen wollen sie noch etwas speisen.
- Dort sitzen sie selig im Sande und so kommt keine Reise zustande.

2. Ich kann die Schreibung vieler Wörter mit einfachem s erklären.

Suche eine andere Wortform oder ein verwandtes Wort, welche die Schreibweise erklären.

das Haus – _die Häuser_, er liest – _____, sie reist – _____

das Los – _____, sie löst – _____, das Gras – _____

3. Ich kann bei scharf oder gezischt gesprochenem s-Laut eine Regel anwenden.

Setze ein: ss (nach kurzem Vokal) oder ß (nach langem Vokal).

er lä____t, der Wa____erschlauch, begie____en, hei____, verlä____lich

4. Ich kann häufig gebrauchte Lernwörter mit s richtig schreiben.

In der folgenden Wörterschlange sind Merkwörter mit s enthalten. Schreibe sie auf.

etwasbisdeshalbesalsrechtsabendslinksmittagsfallswasnachtsaus

_____

_____

5. Ich kann die Schreibung gesummt und gezischt ausgesprochener s-Laute unterscheiden.

Setze s, ss und ß richtig ein.

Zwei Dro____eln ____ehen zu, wie der Gärtner flei____ig den Blumen____amen in die Erde legt. „Dass

dem das nicht langweilig wird!", ____agt der eine Vogel, „jedes Jahr das gleiche ____onderbare Spielchen:

Er versteckt die Körner und wir mü____en sie ____uchen."

Eine Fliege lä____t ihren ____ohn zum Spa____ auf einer Glatze krabbeln. „Ich wei____ nicht, wo die Zeit

geblieben ist", seufzt sie, „als ich so gro____ war wie du, war hier nur ein schmaler Fu____weg."

Lösungen

s-Laute

Basismaterial (S. 47)

1./2. der Käse [s], fließen [z], die Riesen [s], die Späße [z], die Klasse [z], wissen [z], die Wiese [s], lassen [z]

3. der Kaiser, begießen, beißen, lesen, tausend, die Größe, die Reise, schließen, leise, die Wiese, grüßen, die Lose

4. wir wissen, er beißt, sie vergessen, sie genießen, es fließt, die Schüsse, die Nuss, er fraß, sie saßen, die Klasse, die Risse

5. der Gruß – die Grüße, der Strauß – die Sträuße, der Kloß – die Klöße, das Maß – die Maße

6. fließen – gießen, heißen – beißen, gefräßig – mäßig, hassen – lassen, die Flüsse – die Güsse

Differenzierungsmaterial 1 (S. 48)

1. Speise – Weise/kreisen – verreisen/Reise – Preise/lösen – dösen/losen – Rosen/rasen – blasen

2. er verreist – reisen, die Reise/das Gras – die Gräser, grasen/sie löste – die Lösung, lösen/er verspeiste – sie verspeisen, die Speise/er beweist – beweisen, die Beweise

3. **ss:** der Genuss, der Beschluss, das Schloss, essen, lassen
ß: das Floß, der Strauß, die Großstadt, der Fußball, verschließen, die Süßigkeit, grüßen, sie vergaßen

4. ausgefressen, rasantem, regennasse, Straße, Fersen, Schuss, zerreißt, rast, reißt, Straßenlaterne, schließlich, stößt, Hauswand, verlässt, Fuß, schießt, rast, Fluss, eingekreist, reißt, weiß, Schloss, muss

Differenzierungsmaterial 2 (S. 49)

1. Beispiele: **s:** Rose, Dose, Reise, lösen, dösen, lesen, leise; **ss:** Kasse, Messe, Bass, fressen, Nuss, lassen, Schluss, Sessel; **ß:** Grüße, maßvoll, maßlos, spaßig, süß, grüßen, Spaß

2. er weiß – das Wissen, er fraß – das Fressen, sie ließen – sie lassen, schließen – der Schluss

3. Fresser, maßloses, Fressen, beißender, Heißhunger, rasend, frisst, große, Klöße, Grieß, Fleischspieße, mit süßsaurer Essigsoße, riesige Nusstorten mit Schokoladenguss, Gemüse, Schluss, Käse, gießt, Zuckerwasser, Dosenbier, Brause, dieser, Fressschlacht, Heißhunger, genießt, Essen

Kurzer Wissenscheck (S. 50)

1. Reise, sang, Meise, Weise, leise/sieben, süße, Ameisen, verreisen, Felsen, sie, speisen/sitzen, sie, selig, Sande, so, Reise

2. er liest – lesen, sie reist – reisen, das Los – die Lose, sie löst – lösen, das Gras – die Gräser

3. er lässt (lassen), der Wasserschlauch, begießen, heiß, verlässlich (lassen)

4. etwas, bis, deshalb, es, als, rechts, abends, links, mittags, falls, was, nachts, aus

5. Drosseln, sehen, fleißig, Blumensamen, sagt, sonderbare, müssen, suchen, lässt, Sohn, Spaß, weiß, groß, Fußweg

Modul 9: Leicht verwechselbare Konsonanten: d – t, b – p, g – k

Die Schreibweise der weich ausgesprochenen Laute **d, b, g** und der hart ausgesprochenen Laute **t, p, k** lässt sich bei **Mitsprechwörtern** oft heraushören:
weich ausgesprochen: der Mar**d**er, re**d**en, der Ra**b**e, lo**b**en, die Sa**g**e, fe**g**en
hart ausgesprochen: die Lei**t**er, rei**t**en, die Lum**p**en, hu**p**en, der Ha**k**en, hä**k**eln

Oft lässt sich die Schreibweise aber durch deutliches Sprechen allein nicht heraushören. Dann muss man bei diesen **Nachdenkwörtern** die Schreibweise durch eine andere Wortform oder durch ein verwandtes Wort erklären.
Ber[?]– Lösung: Ber**g**, Beweis: Ber**g**e (man hört g)
bun[?]– Lösung: bun**t**, Beweis: ein bun**t**es Tuch (man hört t)

Zur Erklärung der Schreibweise bei Nachdenkwörtern kannst du in folgender Weise vorgehen:

- bei Nomen: Plural bilden: Ran**d** – Rän**d**er (man hört das d)
- bei Verben: eine andere Form bilden: er le**b**t – le**b**en (man hört das b)
- bei Adjektiven: steigern oder mit einem Nomen beugen: lan**g** – län**g**er, gel**b** – eine gel**b**e Blume
- für alle Wortarten gilt: ein verwandtes Wort suchen: en**d**los – En**d**e, Schu**b**lade – schieben

Verlängere das Wort und du hörst es sofort ...!

1. Setze die fehlenden Buchstaben ein: d oder t, b oder p, g oder k.
Bei den Mitsprechwörtern kannst du die Schreibung heraushören, bei den Nachdenkwörtern musst du nach Erklärungen suchen.

Im Zeltla____er am Meer

In den großen Ferien war ich mit meinen Freun____en und meinem etwas jün____eren Bru____er an der Nor____see in Holland. Wir ____rei nahmen an einem Zel____la____er für Pfa____finder teil. Unser Zel____ stan____ am Ran____e eines Wäl____chens. Wir hatten es nicht wei____ bis zum Stran____.
Den ganzen Ta____ lan____ spielten wir Han____ball und Kor____ball, schwammen im Meer oder bauten San____bur____en. Manchmal fuhren wir mit einem Tre____boot oder ja____ten mit dem Ra____ durch die ____ünen. Am Aben____ ga____ es manchmal gegrillte Würstchen. Auch das Sin____en am La____er-feuer stan____ auf dem Programm. Spä____ am Aben____ la____ dann en____lich jeder in seinem Zel____.

2. Schreibe jeweils fünf Mitsprechwörter und fünf Nachdenkwörter heraus.
Kennzeichne den entsprechenden Konsonanten.

Mitsprechwörter: die Schreibweise heraushören	Nachdenkwörter: die Schreibung erklären
Zeltla**g**er	Nor**d**see → Nor**d**en

Leicht verwechselbare Konsonanten: d – t, b – p, g – k

1. d oder t? Wie heißen die folgenden Mitsprechwörter? Höre genau hin und setze ein.

fin_d_en, tre____en, die Strän____e, die Län____er, bin____en, die Käl____e, die Sen____ung,

ra____en, die Zün____ung, die Verbin____ung, das En____e, la____en

g oder k?

le____en, len____en, stär____en, der Wa____en, die En____e, har____en, lan____e, die Zü____e,

mer____en, schla____en, die Zwer____e, die Bur____en, trä____e

b oder p?

die Lum____en, die Die____e, pum____en, der Ra____e, beurlau____en, die Kör____e, lie____en,

hu____en, die Lau____e, schie____en, schrei____en, die Bi____el

2. d oder t? Trage die fehlenden Buchstaben ein. Gib eine Erklärung für die Schreibweise der Nachdenkwörter.

der Ran_d_ – die Rän_d_er, er stan____ – sie stan____en, anstrengen____ – eine anstrengen____e Arbeit,

elegan____ – _____, en____los – _____

verban____ – _____, das Gel____ – _____

frem____ – _____, sie häl____ – _____

3. b oder p? Trage die fehlenden Buchstaben ein. Erkläre die Schreibweise.

der Urlau_b_ – der Urlau_b_er, sie hu____t – _____

lie____ – _____, er schie____t – _____

der Maßsta____ – _____, ihr ha____t – _____

der Die____ – _____, er lie____t – _____

er trei____t – _____, das Mikrosko____ – _____

4. g oder k? Trage die fehlenden Buchstaben ein. Erkläre die Schreibweise.

das Getän_k_ – trin_k_en, der Erfol____ – _____

er ma____ – mö____en, schlan____ – _____

die Ban____ – _____, gieri____ – _____

5. Setze die richtigen Buchstaben ein. Es geht um Mitsprechwörter und Nachdenkwörter.

Erziehun____ an einem Ta____

Ein Schil____bürger fuhr mit seinem Sohn zur Schule in die Stadt. „Ihr Ruhm ist bis nach Schil____a

gedrun____en," sa____te der Vater zum Schulmeister, „nehmen Sie sich auch meines Sohnes an und

ge____en Sie ihm Unterricht."

Als der Lehrer den Va____er fra____te, worum es ihm gehe, antwortete dieser: „Lehren Sie ihn das,

was sie sel____st wissen. Das reicht mir. Ich brin____e mein Pfer____ zum Schmie____, damit er ein

Hufeisen festschlä____t. Auf dem Rückwe____ nehme ich meinen Sohn wieder mit.

© Schöningh 978-3-14-025130-3

■ Leicht verwechselbare Konsonanten: d – t, b – p, g – k

1. Entscheide jeweils, ob die entsprechenden Buchstaben weich (d, b, g) oder hart (t, p, k) ausgesprochen werden und setze ein. Schreibe in die leeren Klammern die Bedeutungen der Wörter.

Greis (alt) – Kreis (rund)

Bass (Stimmlage) – ____ass (_____)

En____e (Wasservogel) – En____e (_____)

____orf (Siedlungsform) – ____orf (in Moorgebieten entstanden)

____on (Laut) – ____om (Kirche)

____ellen (Kartoffel) – ____ellen (_____)

____acken (Koffer) – ____acken (_____)

Sei____e (_____) – Sei____e (z. B. rechte S.)

____asse (Weg) – ____asse (Geldinstitut),

ra____en (Rätsel) – ra____eln (_____)

2. Schreibe Nomen, Adjektive und Verben auf und erkläre die Schreibweise wie im Beispiel.

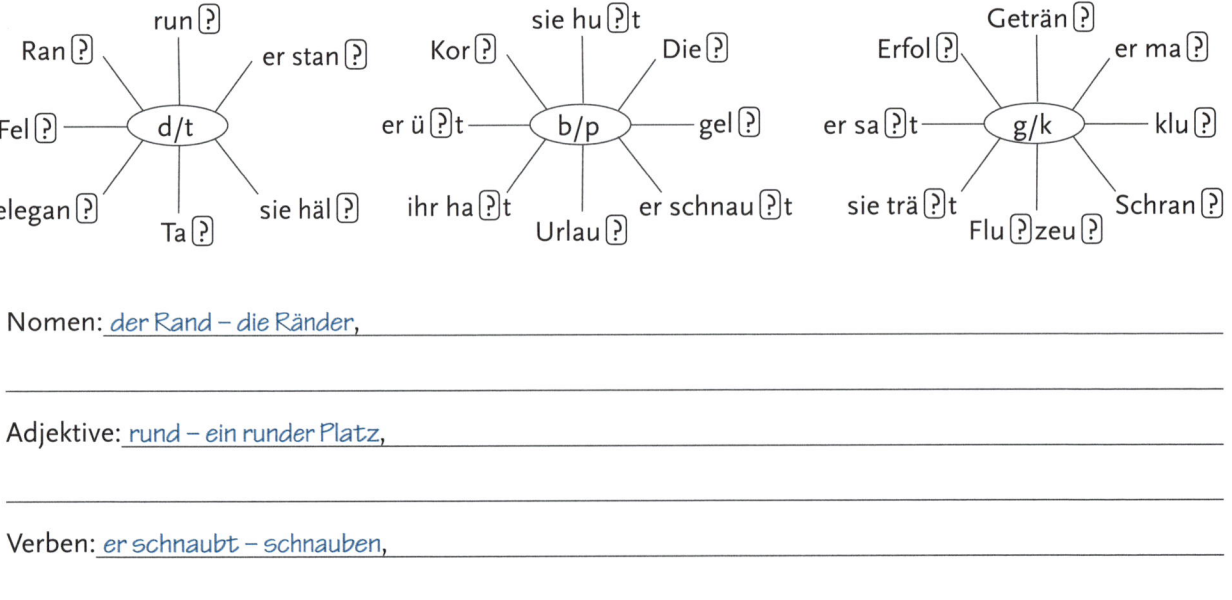

Nomen: _der Rand – die Ränder_, _____

_____

Adjektive: _rund – ein runder Platz_, _____

_____

Verben: _er schnaubt – schnauben_, _____

_____

3. Der Wortbaustein -end- hat immer etwas mit Ende zu tun: endlos, der Endlauf.
Er wird daher mit d geschrieben.
Die Vorsilbe ent- wird dagegen immer mit t geschrieben: entkommen, die Entschuldigung.
Setze entsprechend richtig ein:

en_d_gültig, en____kommen, sich en____scheiden, en____los, die En____führung,

das En____ergebnis, das En____spiel, en____behrlich, sich en____schuldigen,

die Unen____lichkeit, der En____spurt, en____kommen, die En____silbe

Kurzer Wissenscheck

Leicht verwechselbare Konsonanten: d – t, b – p, g – k

1. Ich kann bei Mitsprechwörtern nach dem Hören entscheiden, wann ich die weich ausgesprochenen Konsonanten d, b, g und wann ich die hart ausgesprochenen Konsonanten t, p, k schreibe.

Sprich die Wörter, setze die fehlenden Buchstaben ein.

sie re____en, sie ra____en, der Ra____e, die Rau____e, der Re____en, sie gin____en, sie glau____en,

wir er____ennen, die Freun____e, sie den____en, die Grille kann zir____en

2. Ich kann bei Nachdenkwörtern die Schreibung von Wörtern mit d oder t, b oder p, g oder k erklären, indem ich eine andere Wortform oder eine Ableitung formuliere.

Trage den richtigen Buchstaben ein, beweise die Schreibweise.

er le _?_ t → *er le(b)t, Beweis: le(b)en* _____

sie tru _?_ → _____

das Ra _?_ → _____

kran _?_ → _____

du blei _?_ st → _____

der Gan _?_ → _____

sie hu _?_ t → _____

das Horosko _?_ → _____

3. Ich kann Mitsprechwörter und Nachdenkwörter mit d/t, b/p und g/k in einem Text richtig schreiben.

Trage die fehlenden Buchstaben ein; schreibe noch jeweils fünf Wörter wie im Beispiel in dein Heft.

Der Fuchs und die Trau____en

Ein Fuchs, der sehr hungri____ war, fan____ einen Weinstock. Er wollte unbedin____t eine süße

Trau____e haben, die ____anz o____en hin____. Er spran____, so hoch er konnte, doch es war

verge____ens. So riesi____ auch sein Verlan____en war, er konnte die Trau____e nicht erreichen.

En____lich ga____ er auf und sa____te: „Die blö____en Trau____en sind noch unreif, ich ma____ keine

sauren Trau____en."

Mitsprechwörter	**Nachdenkwörter**
die Trau _b_ en	hungri _g_ – ein hungri _g_ er Fuchs

© Schöningh 978-3-14-025130-3

55

Lösungen

Leicht verwechselbare Konsonanten: d – t, b – p, g – k

Basismaterial (S. 52)

1./2. Bei den Nachdenkwörtern steht eine Erklärung der Schreibweise in Klammern: Zeltlager, Freunden, jüngeren, Bruder, Nordsee (Norden), drei, Zeltlager (Zelte), Pfadfinder (Pfade), Zelt (Zelte), stand (sie standen) Rande, Wäldchens (Wälder), weit (weiter), Strand (Strände),Tag (Tage), lang (lange), Handball (Hände), Korbball (Körbe), Sandburgen (sandig), Tretboot (treten), jagten (jagen), Rad (Räder), Dünen, Abend (Abende), gab (geben), das Singen, Lagerfeuer, stand (sie standen), spät (später), Abend, lag (sie lagen), endlich (Ende), Zelt (Zelte)

Differenzierungsmaterial 1 (S. 53)

1. **d oder t?:** treten, die Strände, die Länder, binden, die Kälte, die Sendung, raten, die Zündung, die Verbindung, das Ende, laden
   g oder k?: legen, lenken, stärken, der Wagen, die Enge, harken, lange, die Züge, merken, schlagen, die Zwerge, die Burgen, träge
   b oder p?: die Lumpen, die Diebe, pumpen, der Rabe, beurlauben, die Körbe, lieben, hupen, die Laube, schieben, schreiben, die Bibel
2. er stand – sie standen, anstrengend – eine anstrengende Arbeit, elegant – ein elegantes Kleid, endlos – ohne Ende, verband – verbinden, das Geld – die Gelder, fremd – der Fremde, sie hält – halten
3. sie hupt – hupen, lieb – die Liebe, er schiebt – schieben, der Maßstab – die Maßstäbe, ihr habt – haben, der Dieb – die Diebe, er liebt – lieben, er treibt – treiben, das Mikroskop – die Mikroskope
4. der Erfolg – die Erfolge, er mag – mögen, schlank – eine schlanke Figur, die Bank – die Bänke, gierig – ein gieriges Fressen
5. Erziehung (Nachsilbe -ung), Tag (Tage), Schildbürger (Schilda), gedrungen, sagte (sagen), geben, Vater, fragte (fragen), selbst (selber), bringe, Pferd (Pferde), Schmied (Schmiede), festschlägt (schlagen), Rückweg (Wege)

Differenzierungsmaterial 2 (S. 54)

1. Pass (Ausweis), Ente – Ende (Schluss), Torf – Dorf, Ton – Dom, pellen – bellen (Hund), packen – backen (Kuchen), Seide (Stoffart) – Seite, Gasse – Kasse, raten – radeln (Rad)
2. **Nomen:** das Feld, der Tag, der Korb, der Dieb, der Urlaub, der Erfolg, das Getränk, der Schrank, das Flugzeug
   Adjektive: elegant, gelb, klug
   Verben: er stand, sie hält, sie hupt, er schnaubt, ihr habt, er übt, er mag, sie trägt, er sagt
3. entkommen, sich entscheiden, endlos, die Entführung, das Endergebnis, das Endspiel, entbehrlich, sich entschuldigen, die Unendlichkeit, der Endspurt, entkommen, die Endsilbe

Kurzer Wissenscheck (S. 55)

1. Beispiele: sie reden, sie raten, der Rabe, die Raupe, der Regen, sie gingen, sie glauben, ...
2. sie trug → sie tragen, das Rad → die Räder, krank → ein krankes Kind, du bleibst → bleiben, der Gang → die Gänge, sie hupt → hupen, das Horoskop → die Horoskope
3. Bei den Nachdenkwörtern ist die Erklärung in der Klammer angegeben: Trauben, hungrig (ein hungriger Fuchs), fand (finden), unbedingt (Dinge), Traube, ganz, oben, hing (sie hingen), sprang (springen), vergebens, riesig (ein riesiges Verlangen), Traube, endlich (Ende), gab (geben), sagte (sagen), blöden, Trauben, mag (mögen), Trauben

Modul 10: Schreibung von Konsonanten nach kurzem Vokal (Schärfung)

- Hörst du nach einem kurz ausgesprochenen, betonten Vokal nur einen Konsonanten, so wird dieser in der Regel verdoppelt: ko**mm**en, Ka**mm**, he**ll**, So**nn**e, la**ss**en
Die Verdopplung bleibt auch in anderen Wortformen und in verwandten Wörtern bestehen: ko**mm**en → du ko**mm**st, verko**mm**en; So**nn**e → der So**nn**tag, so**nn**ig; er so**ll**te → so**ll**en

- Hörst du nach einem kurzen, betonten Vokal zwei Konsonanten, so wird in der Regel keiner verdoppelt. Dies gilt auch jeweils für verwandte Wörter: ha**lt**en, ta**nk**en, die Wo**lk**e, ro**st**ig; Wortverwandte: ta**nz**en→ Tä**nz**er, Ta**nz**

- Die Buchstaben k und z werden in deutschen Wörtern nicht verdoppelt. Dafür stehen ck und tz: die Ka**tz**e, der Bli**tz**, die Schne**ck**e, erschre**ck**en

Genau hinhören!

1. Schreibe die markierten Wörter mit Doppelkonsonanten heraus. Zeichne die Silbenbögen und kennzeichne den kurzen Vokal vor dem Doppelkonsonanten wie im Beispiel.

Kranke Igel

Manchmal **müssen** wir uns um einen kranken Igel **kümmern**. Wenn es dem Pflegling wieder **besser** geht, sollte er so schnell wie möglich wieder in die Freiheit **entlassen** werden. Zu **Beginn** der Pflege muss man vorhandene Krankheiten **feststellen** und behandeln **lassen**. Vom Tierarzt verordnete Medizin muss **gewissenhaft** nach Anweisung gegeben werden. Auch das richtige **Fressen** ist wichtig.

müssen, _____

_____

2. Schreibe zu vier Beispielen eine andere Wortform oder ein verwandtes Wort auf. Auch hier bleibt die Konsonantenverdopplung bestehen.

müssen → er muss, _____

_____

3. Ordne den Buchstabensalat. Hier wird nach kurzem Vokal keiner der beiden folgenden Konsonanten verdoppelt. Suche zu den Lösungswörtern jeweils ein verwandtes Wort.

stiggün, kendan, ulTpe, kenschnim, enFster, lakt, enMschen

günstig → Vergünstigung, _____

_____

4. Wörter mit tz und ck. Löse den Buchstabensalat auf.

Ttzae – _____, ackben – _____, tzHie – _____

entendeck – _____, ckerlo – _____

5. Kombiniere richtig. In den Ausdrücken fehlt jeweils ein Wort mit ck oder tz.

rasen, rennen, fli_____ ‖ kochen, braten,_____ ‖ Schmutz und D_____

‖ unter Schw_____ und Stöhnen ‖ mit Sack und _____

© Schöningh 978-3-14-025130-3

Differenzierungsmaterial 1

■ Schreibung von Konsonanten nach kurzem Vokal (Schärfung)

1. Ordne jeweils bis zu vier der unterstrichenen Wörter in die Liste ein. Markiere wie in den Beispielen. Gib die Verben im Infinitiv (in der Grundform) an.

Maulwurf und Igel

Der Igel <u>stellte</u> <u>fest</u>, dass es <u>kälter</u> wurde und der <u>Winter</u> vor der Tür <u>stand</u>. Daher fragte er den Maulwurf <u>keck</u>, ob er ihm in seiner Höhle ein <u>Plätzchen</u> <u>überlassen</u> könne. Gutmütig <u>stimmte</u> der Maulwurf <u>zu</u>. Kaum war dieser jedoch in die enge Wohnung des Maulwurfs <u>gekommen</u>, so machte er sich darin breit. Der <u>Besitzer</u> der Höhle stieß sich <u>immer</u> wieder an den <u>spitzen</u> Stacheln. Jetzt <u>erkannte</u> der Maulwurf, dass er sich in dem Igel <u>geirrt</u> und zu <u>schnell</u> zugesagt hatte. Er forderte den Igel auf, seine Höhle zu <u>verlassen</u>, sie sei zu <u>eng</u> für zwei Bewohner. Aber der Igel lachte nur und meinte <u>trotzig</u>: „Wenn du willst, <u>kannst</u> du ja gehen, mir <u>gefällt</u> es hier sehr gut."

Verdopplung eines Konsonanten nach kurzem Vokal	tz und ck nach kurzem Vokal	keine Verdopplung, wenn zwei verschiedene Konsonanten folgen
feststellen,	keck,	kälter,

2. Schreibe die Reimwörter auf. Kennzeichne den kurzen Vokal vor dem Doppelkonsonanten mit einem dicken Punkt.

der Schluss	die Tonne	das Bett	kennen	die Ratte	der Wille
der K_____	die W_____	das F_____	r_____	die M_____	die B_____
der Fl_____	die S_____	n_____	p_____	die L_____	

3. Suche jeweils zwei verwandte Wörter, die ebenfalls mit einem doppelten Konsonanten nach kurzem Vokal geschrieben werden.

die Sonne → _____

essen → _____

rennen → _____

schwimmen → _____

die Stimme → _____

4. Ordne den Wortsalat: Keine Verdopplung nach kurzem Vokal, weil zwei oder mehr verschiedene Konsonanten folgen.

inKd → <u>Kind</u>_____, spenstGe → _____, tighas → _____

keWol → _____, unHd → _____, erbHst → _____

5. Suche zu den Wörtern unter Aufgabe 4 jeweils ein verwandtes Wort der Wortfamilie. Achte auf die gleiche Schreibweise nach dem kurzen Vokal.

_____

_____

Schreibung von Konsonanten nach kurzem Vokal – ein besonderes Paar: ck und tz

1. Schreibe die markierten Wörter heraus (beim Verb den Infinitiv/die Grundform). Suche jeweils ein verwandtes Wort mit tz oder ck. Kennzeichne den vorausgehenden kurzen Vokal durch einen Punkt.

Igelkinder

Igelkinder stellen beim **Tierschutz** ein besonderes Problem dar. Ihr niedliches Aussehen **verlockt** zum Mitnehmen, oft **letztlich** zum Schaden der Jungtiere. Wenn man **plötzlich** ein Igelnest **entdeckt**, sollte man die Kleinen unberührt lassen und sich so rasch wie möglich entfernen. Sonst könnte die Igelmutter vor **Schreck** über die Störung ihren Nachwuchs töten. Wenn allerdings ein Igelkind verwaist ist, sollte Hilfe **einsetzen**.

tz

_____

_____

_____

ck

verlọckt → die Verlọckung, _____

_____

_____

2. Suche zu den folgenden Verben wie angegeben ein verwandtes Wort aus der Wortfamilie.

tz		ck	
Verb	Nomen	Verb	Nomen
schützen	der Schutz	verstecken	
flitzen		spucken	
blitzen		backen	
trotzen		drücken	
hetzen		schlucken	

3. Schreibe möglichst viele Wörter mit ck und tz in dein Heft. Setze zu den Nomen/Substantiven den Artikel.

Pfü-   we-   pa-   Bä-

pu-   glü-   entde-   schmu-

Ka-   Ta-   ba-   Ri-

schlu-   Glü-   Mü-

ck tz

-er
-e
-ig
-lich
-en

4. Setze jeweils ein: k oder ck, z oder tz. Beachte den Merkvers: Nach l, m, n, r, das merke ja, steht nie tz und nie ck. Weiter merke dir genau: kein tz und ck nach ei, eu und au.

der Im____er, der Tan____, der Schran____, die Gur____e, die Pau____e, die Schne____e, der Ro____,

lo____en, hei____en, tan____en, das Her____, die He____e, kran____, le____er, schmü____en, die

Schmer____en

Modul 10: Schreibung von Konsonanten nach kurzem Vokal – Schärfung

© Schöningh 978-3-14-025130-3

Kurzer Wissenscheck

Schreibung von Konsonanten nach kurzem Vokal (Schärfung)

1. Ich kenne die wichtigsten Regeln zur Schreibung von Konsonanten nach kurzem Vokal.

Kreuze die richtigen Aussagen an.

☐ Hörst du nach kurzem Vokal nur einen Konsonanten, so wird dieser in der Regel verdoppelt.

☐ Es ist wichtig, andere Wortformen zu bilden oder Wortverwandte zu suchen.

☐ Hörst du nach kurzem Vokal nur einen Konsonanten, so wird dieser nie verdoppelt.

☐ Hörst du nach kurzem Vokal zwei verschiedene Konsonanten, so wird meistens keiner verdoppelt.

☐ Nach den Konsonanten l, m, n, r steht nie tz und nie ck, sondern ein einfaches z oder k.

2. Ich kann entscheiden, ob nach kurzem Vokal ein Konsonant verdoppelt wird.

ll oder l? der Ke_____er, der Wa_____d, schne_____er, der Fa_____ter, ka_____t, ste_____en

ss oder s? die Kla_____e, ra_____peln, ha_____tig, der Se_____el, me_____en, la_____en

nn oder n? der Ma_____tel, die Ka_____e, fi_____den, die So_____e, kö_____en, die Ha_____d

3. Ich kann entscheiden, wann ck/tz und wann k/z geschrieben wird.

ck oder k: die Ba_____e, lin_____s, har_____en, der Blin_____er, das Wer_____, lo_____er

tz oder z: das Hol_____, he_____en, die Pflan_____e, der Schmer_____, fli_____en, das Her_____

4. Ich kann Wortfamilien bilden, um die Schreibweise abzuleiten.

Schreibe zu folgenden Wörtern je zwei verwandte Wörter auf, die die markierte Schreibweise gemeinsam haben.

die So**nn**e – _____

das He**rz** – _____

fa**ll**en – _____

schü**tz**en – _____

5. Ich kenne eine Reihe von kurzen Merkwörtern, die ich schon so oft geschrieben habe, dass ich mir ihre Schreibweise fest eingeprägt habe.

Schreibe die einzelnen Merkwörter aus der Wörterschlange auf.

abinanobbiseshathinmanmitumvomwegvon

_____

_____

Lösungen

Schreibung von Konsonanten nach kurzem Vokal (Schärfung)

Basismaterial (S. 57)

1. müssen, kümmern, besser, entlassen, Beginn, feststellen, lassen, gewissenhaft, Fressen
2. Beispiele: kümmern → verkümmern, besser → die Besserung, entlassen → die Entlassung, feststellen → die Feststellung
3. danken → verdanken, Tulpe → Tulpenzwiebel, schminken → Schminkdose, Fenster → Fensterbank, kalt → Kälte, Menschen → menschlich
4. Tatze, backen, Hitze, entdecken, locker
5. flitzen, backen, Dreck, Schwitzen, Pack

Differenzierungsmaterial 1 (S. 58)

1. **Verdopplung eines Konsonanten:** überlassen, zustimmen, gekommen, immer, erkannte, geirrt, schnell, verlassen, kannst, gefällt
   tz und ck nach kurzem Vokal: Plätzchen, Besitzer, spitzen, trotzig
   keine Verdopplung: Winter, stand, eng
2. der Schluss, der Kuss, der Fluss/die Tonne, die Wonne, die Sonne/das Bett, das Fett, nett/kennen, rennen, pennen/die Ratte, die Matte, die Latte/der Wille, die Brille
3. Beispiele: die Sonne → sonnig, der Sonnenbrand; essen → das Abendessen, das Mittagessen; rennen → wegrennen, losrennen; schwimmen → der Schwimmer, das Schwimmbad; die Stimme → einstimmen, zustimmen
4. Gespenst, hastig, Wolke, Hund, Herbst
5. Kind → kindlich, Gespenst → das Nachtgespenst, hastig → die Hast, die Wolke → wolkig, Hund → die Hundeleine, Herbst → die Herbstblume

Differenzierungsmaterial 2 (S. 59)

1. **tz:** Tierschutz → beschützen, letztlich → zuletzt, plötzlich → die Plötzlichkeit, einsetzen → der Einsatz
   ck: entdecken → die Entdeckung, Schreck → schrecklich
2. **tz:** flitzen → der Flitzer, blitzen → der Blitz, trotzen → der Trotz, hetzen → die Hetze
   ck: spucken → die Spucke, backen → der Bäcker, drücken → der Druck, schlucken → der Schluck
3. Beispiele: die Pfütze, putzen, die Katze, schlucken, wecken, glücken, die Tatze, das Glück, packen, entdecken, backen, der Bäcker, schmutzig, die Ritze, die Mütze, die Mücke
4. der Imker, der Tank/der Tanz, der Schrank, die Gurke, die Pauke, die Schnecke, der Rock, locken, heizen, tanken/tanzen, das Herz, die Hecke/die Hetze, krank, lecker, schmücken, die Schmerzen

Kurzer Wissenscheck (S. 60)

1. Richtig sind 1, 2, 4, 5
2. **ll oder l:** der Keller, der Wald, schneller, der Falter, kalt, stellen; **ss oder s:** die Klasse, raspeln, hastig, der Sessel, messen, lassen; **nn oder n:** der Mantel, die Kanne, finden, die Sonne, können, die Hand
3. **ck oder k:** die Backe, links, harken, der Blinker, das Werk, locker
   tz oder z: das Holz, hetzen, die Pflanze, der Schmerz, flitzen, das Herz
4. die Sonne – sonnig, sonnen; das Herz – herzlich, die Herzlichkeit; fallen – ausfallen, der Ausfall; schützen – beschützen, der Schutz
5. ab, in, an, ob, bis, es, hat, hin, man, mit, um, vom, weg, von

© Schöningh 978-3-14-025130-3

Modul 11: f-Laute

Zur Schreibung der **f-Laute** gibt es keine eindeutige Schreibregel.

- In den meisten Wörtern wird der f-Laut mit **f** geschrieben, in etlichen anderen mit **v**: der **V**ogel, die **F**rau, **f**ertig, **v**iel, **f**allen.
- Andere Wörter werden am Anfang wie f gesprochen aber mit pf geschrieben. Heraushören kann man den Unterschied kaum: er **f**ährt – das **Pf**erd.
  Bei deutlichem Sprechen kann man im Inlaut **pf** heraushören: A**pf**el, ru**pf**en, zu**pf**en.
- Besondere Merkwörter sind die Wörter, in denen du ein **w** hörst aber ein **v** schreibst: **V**ioline, Klavier, **V**ase, ner**v**ös, Pullo**v**er, **V**okabel.

Die **besten Tipps** sind:

- Wortverwandte oder andere Wortformen suchen, in denen der f-Laut in der gleichen Weise geschrieben wird: **f**allen → die **F**alle, er **f**iel; **v**iel → der **V**ielfraß
- Merkwörter einprägen oder (bei Unsicherheit) im Wörterbuch nachsehen.

Einige **Regelmäßigkeiten** aber gibt es doch. Immer mit **v** geschrieben werden:

- die Vorsilben **ver-, vor-, vorder-**: **ver**laufen, **vor**kommen, die **Vorder**seite
- Zusammensetzungen mit den Wörtern **-voll-, -viel-**: **voll**kommen, die **Viel**falt

1. Setze in die folgende Meldung f oder v richtig ein. Suche dazu im Wortspeicher ein passendes Wort, das die Schreibung erklärt.

   Winterschla_____ von Fledermäusen wichtiger als eigener Au_____tritt

   Das auf September _____estgelegte Konzert auf einer _____reilichtbühne musste kurz_____ristig und

   für _____iele _____öllig überraschend abgesagt werden, weil _____iele Tiere _____orzeitig, das heißt:

   bereits im August, in der Nähe der Bühne ihr Winterquartier bezogen hatten. Der Aus_____ all des

   Konzerts wird _____ermutlich _____on _____ielen _____ans bedauert.

   | ausfallen, vermuten, voll, auftreten, Festung, vielmals, schlafen, Fanmeile, frei, Frist, davon, vorher |

2. Sprich die Wörter langsam und deutlich. Unterstreiche die acht Wörter, in denen das v wie w ausgesprochen wird.

   Veilchen, Verse, Ventil, Vitamin, Vase, Volleyball, Vampir, Vogel, Vanille, Volk, Verkehr, Vieh, Versammlung, Virus, Pullover

3. Bilde Wortzusammensetzungen aus den beiden Wortgruppen.
   Setze vor die neue Zusammensetzung den bestimmten Artikel.

   | Straße, Wagen, Flasche, Baum, Konzert, Heim, Kern, Beton |

   | Pflaumen, Pflaster, Pferd, Pflege, Pfirsich, Pfeiler, Pfand, Pfeife |

   _____

   _____

   _____

   _____

   _____

f-Laute

1. In der folgenden Meldung fehlen die Buchstaben für f-Laute. Setze den richtigen Buchstaben ein: f oder v? Suche jeweils ein verwandtes Wort, das mit dem gleichen f-Laut geschrieben wird.

Wert____oller Tropen ____ogel ent____logen

Seit der ____origen Woche wird im ____ogelpark W. ein ge____iederter Ausländer, ein Tropensittich, ____ermisst.

Er ist ____ermutlich ent____logen. ____ür Hinweise, die zum Auf____inden des wert____ollen

Tieres ____ühren, wird eine Belohnung ____ersprochen.

wertvoll → vollkommen,

_____

_____

_____

2. Bilde ein neues Nomen, indem du eine Wortzusammensetzung mit Wörtern aus jeweils einem Wortspeicher bildest, setze vor das neue Nomen den bestimmten Artikel. Beachte: Manchmal musst du ein s einfügen.

| Feinkost, Gericht, Völker, Brause, viel, Vollkorn, Frieden, Vogel, Volk |

| Fraß, Brot, Ball, Pulver, Verhandlung, Engel, Flug, Sport, Geschäft |

_____

_____

_____

3. Hier hat jemand einen Unsinnstext mit möglichst vielen Wörtern mit einem f-Laut geschrieben. Schreibe passende Wörter heraus, wie unten angegeben.

Vetter Franz und seine Freundin Vera sind völlig fertig. Am vorigen Freitag wollten sie fleißig sein und Verse für die Klassenfeier anfertigen, aber es fiel ihnen nicht allzu viel ein. Die beiden Freunde fanden vorgestern gerade mal einen vernünftigen Anfang. Fehlt es vielleicht an Fantasie, oder muss man sich zum Verseschmieden viel mehr Zeit lassen? Franz fragt schließlich völlig entnervt seinen Vater. Doch der meint nur vielsagend: „Ich bin völlig ratlos, mir fällt so schnell auch nichts Vernünftiges ein. Vielleicht fangt ihr noch einmal ganz von vorne an."

10 Wörter mit f: _____

_____

10 Wörter mit v: _____

_____

4. Suche zu fünf Wörtern jeweils ein verwandtes Wort, in dem der f-Laut genauso geschrieben wird.

die Freunde → die Freundschaft, _____

_____

_____

◼ f-Laute

1. In den folgenden Zeitungsberichten fehlen die Buchstaben v oder f. Setze richtig ein. Suche ein verwandtes Wort aus dem Wortspeicher, das mit dem gleichen f-Laut geschrieben wird. Setze es jeweils in die Klammer.

Einheimische Bank wieder durch _f_rechen (die _F_rechheit) Einbrecher geplündert

Der Gangster ____ersteckte (_____) sein Gesicht hinter einer Maske. Mit ____orgehal-

tener (_____) Wa____e (_____) ____erlangte (_____) er von

der Kassiererin das gesamte Geld. Eine Kundin ____iel (_____) ____or (_____)

Schreck in Ohnmacht.

> die Frechheit, der Vorgang, bewaffnen, das Versteck, das Verlangen, vorher, hinfallen, vorn

____ier (_____) Tage dauernder Vulkanausbruch

Bei dem gestrigen Ausbruch des Vulkans wurden ____iele (_____) Dör____er (_____)

am Rande des Vulkans fast ____öllig (_____) ____erwüstet (_____).

Wert____olle (_____) Kulturdenkmäler wurden beschädigt.

> vielmals, vierzig, der Dorfbewohner, vollkommen, die Verwüstung, liebevoll

2. Suche jeweils ein verwandtes Wort mit dem angegebenen f-Laut. Du weißt: In verwandten Wörtern wird der f-Laut gleichgeschrieben.

f	v	pf
fertig → *anfertigen*	vierzehn →	empfehlen →
finden →	der Vogel →	kämpfen →
die Freundschaft →	viel →	das Opfer →
laufen →	vergeblich →	dampfen →
fremd →	vergessen →	pfeilschnell →
friedlich →	vorteilhaft →	hüpfen →

3. Wörter mit pf und f am Wortanfang sind keine Mitsprechwörter, weil man den Unterschied nicht heraushören kann. Setze ein pf oder f in die Lücken. Schreibe in die leere Klammer ein Wort zur Bedeutung.

gesprochen: f	geschrieben: f oder pf
die Flocke (Schnee)	der Pflock (Pfosten)
der Pfahl (Stab)	____ahl (bleich)
er ____ährt (von: fahren)	das ____erd (_____)
der Flaum (Küken)	die ____laume (_____)
er ____and (von: _____)	das Pfand (zur Absicherung)
der Fund (von: finden)	das _____ (_____)

Kurzer Wissenscheck

f-Laute

1. Ich kenne die Schwierigkeiten der f-Laut-Schreibung.

Kreuze die richtigen Tipps an.

☐ Alle Wörter mit einem f sind Mitsprechwörter: Man schreibt so, wie man es hört.

☐ Man spricht in manchen Wörtern w, aber schreibt mit v, zum Beispiel bei dem Wort *Vase*.

☐ Oft spricht man f, schreibt aber v. Es gibt hierzu keine eindeutige Schreibregel; du musst dir die Merkwörter einprägen.

☐ In verwandten Wörtern wird der f-Laut jeweils gleich geschrieben: f, v oder pf.

☐ Im Inlaut eines Wortes kann ich pf bei deutlichem Sprechen heraushören. Das Zeichnen von Silbenbögen hilft mir.

☐ Wörter mit den Wortbausteinen ver, vor, voll, viel werden immer mit v geschrieben.

☐ Die Schreibung von pf und f kann man immer heraushören.

2. Ich kann die Buchstaben f und v in entsprechende Wörter eines Textes einsetzen und ich kann zu diesen Wörtern jeweils ein passendes Wort aus der Wortfamilie benennen.

Setze die Buchstaben v oder f ein. Überprüfe die Schreibung, indem du ein passendes verwandtes Wort aus dem Wortspeicher suchst.

Es stand in der Zeitung

Der Biss einer sonst ____erträglichen Hauskatze ____ührte in der ____origen Woche zu einer Kette

nicht ____ermeidbarer Un____älle. Nach dem Marktbesuch kehrte eine ____rau zu ihrem ____ahrzeug

zurück, in dem ihre Hauskatze ____riedlich vor sich hindöste. Beim An____ahren biss das ____ermutlich

aufgeschreckte Tier die ____rau. Diese ____erlor so____ort die Kontrolle über ihren Wagen. Das Auto

prallte ____rontal gegen eine Würstchenbude, die auf einen anderen Imbissstand ____iel. Eine Ver-

käu____erin erlitt ____erbrennungen durch auslau____endes heißes ____ett. Eine Passantin, der die

Würstchenbude ____or die ____üße stürzte, ____iel in Ohnmacht.

anfahren, bevor, entfallen, entführen, fahren, fällen, das Fettpolster, fraulich, der Frieden, die Front, die Fußmatte, die Sofortmaßnahme, die Unfallgefahr, verbrennen, verkaufen, der Verlust, vermeiden, die Vermutung, der Vertrag, vorher, weglaufen

© Schöningh 978-3-14-025130-3

Lösungen

f-Laute

Basismaterial (S. 62)

1. Winterschlaf (schlafen), Auftritt (auftreten), festgelegte (Festung), Freilichtbühne (frei), kurzfristig (Frist), viele (vielmals), völlig (voll), vorzeitig (vorher), Ausfall (ausfallen), vermutlich (vermuten), von (davon), Fan (Fanmeile)
2. Ventil, Vitamin, Vase, Volleyball, Vampir, Vanille, Virus, Pullover
3. Beispiele: das Straßenpflaster, der Pferdewagen, das Flaschenpfand, der Pflaumenbaum, das Pfeifkonzert, das Pflegeheim, der Pfirsichkern, der Betonpfeiler

Differenzierungsmaterial 1 (S. 63)

1. der Tropenvogel → die Vogelfeder, entflogen → fliegen, vorigen → vorher, der Vogelpark → der Vogelflug, gefiederter → das Gefieder, vermisst → die Vermisstenanzeige, vermutlich → die Vermutung, entflogen → entfliegen, für → füreinander, zum Auffinden → finden, wertvoll → vollkommen, führen → die Führung, versprochen → das Versprechen
2. das Feinkostgeschäft, die Gerichtsverhandlung, der Völkerball, das Brausepulver, der Vielfraß, das Vollkornbrot, der Friedensengel, der Vogelflug
3. **10 Wörter mit f:** fertig, der Freitag, fleißig, die Klassenfeier, anfertigen, fiel, Freunde, fanden, Anfang, fehlt
   10 Wörter mit v: völlig, vorigen, die Verse, viel, vorgestern, vernünftigen, vielleicht, Verseschmieden, völlig, entnervt
4. Beispiele: völlig → voll, fleißig → der Fleiß, Verse → das Versmaß, anfertigen → fertig, fiel → der Einfall

Differenzierungsmaterial 2 (S. 64)

1. a) versteckte (das Versteck), vorgehaltener (vorn), Waffe (bewaffnen), verlangte (das Verlangen), fiel (hinfallen), vor
   b) vier (vierzig), viele (vielmals), Dörfer (der Dorfbewohner), völlig (vollkommen), verwüstet (die Verwüstung), wertvolle (liebevoll)
2. **f:** finden → der Fund, die Freundschaft → der Freund, laufen → der Läufer, fremd → fremdartig, friedlich → der Frieden
   v: vierzehn → vierzig, der Vogel → die Vogelfeder, viel → vielmals, vergeblich → die Vergebung, vergessen → die Vergesslichkeit, vorteilhaft → der Vorteil
   pf: empfehlen → die Empfehlung, kämpfen → der Kampf, das Opfer → opfern, dampfen → der Dampf, pfeilschnell → der Pfeil, hüpfen – der Hüpfer
3. fahl, er fährt – das Pferd (Tier), die Pflaume (Kernobst), er fand (von: finden), das Pfund (Gewicht)

Kurzer Wissenscheck (S. 65)

1. Richtig sind: 2, 3, 4, 5, 6
2. verträglichen (der Vertrag), führte (entführen), vorigen (vorher), vermeidbarer (vermeiden), Unfälle (fallen), Frau (fraulich), Fahrzeug (fahren), friedlich (der Frieden), beim Anfahren (anfahren), vermutlich (die Vermutung), verlor (der Verlust), sofort (die Sofortmaßnahme), frontal (die Front) fiel (entfallen), Verkäuferin (verkaufen), Verbrennungen (verbrennen), auslaufendes (weglaufen), Fett (das Fettpolster), vor (bevor), Füße (die Fußmatte)

Modul 12: das und dass

> 1. Das Wort **das** kann im Satz als bestimmter Artikel oder als Pronomen gebraucht werden:
>
> - **das:** Artikel; dieser gehört immer zu einem Nomen/Substantiv; Beispiel: *das* Buch, *das* spannende Buch
> - **das:** Demonstrativpronomen (hinweisendes Fürwort); Beispiel: Er weiß *das* (dies, dieses, jenes) genau. Du kannst *das* ersetzen durch dies, dieses, jenes.
> - **das:** Relativpronomen (bezügliches Fürwort); Beispiel: Das Fahrrad, *das* (welches) ich mir wünsche, ist toll. Du kannst *das* ersetzen durch welcher, welche, welches.
>
> 2. Das Wort **dass** ist eine Konjunktion (ein Bindewort); es leitet immer einen Nebensatz ein und verbindet diesen mit dem <u>Hauptsatz</u> oder Basissatz.
> Beispiel: <u>Ich hoffe sehr,</u> (dass) es morgen schön wird.
> **Faustregel:** Wenn man dies, dieses, jenes und welches nicht einsetzen kann, wird dass geschrieben.

1. Nebensätze mit *dass* werden häufig mit Wörtern des Sagens und Meinens gebildet.
Bilde Sätze mit *dass*; denke an das Komma. Kennzeichne <u>Hauptsatz/Basissatz</u> und <u>Nebensatz</u>.

Felix hofft es. Morgen kommt Emmi wieder in die Schule.

<u>Felix hofft</u>, <u>dass Emmi morgen wieder in die Schule kommt.</u>

Moritz freut sich. Nächste Woche findet das Sportfest statt.

_____

Lena berichtet etwas. Die SV soll neu gewählt werden.

_____

Tom regt etwas an. Es soll über eine neue Klassenordnung abgestimmt werden.

_____

2. Bestimme in der Klammer den Artikel (A), das Demonstrativpronomen (D) und das Relativpronomen (R).

Aus Schülergesprächen

- Leih mir doch mal **das** (   ) Hausheft; ich muss mir **das** (   ) mal abschreiben.
- Wir sollen übrigens für morgen **das** (   ) kurze Lesestück, **das** (   ) auf Seite fünf steht, **bearbeiten**.
- **Für** das (   ) Spiel, **das** (   ) wir für **das** (   ) Schulfest geplant haben, müssen wir aber noch proben. **Das** (   ) hat Frau Berend auch gesagt.
- Habt ihr denn schon **das** (   ) Geschenk besorgt, **das** (   ) wir Greta zum Abschied überreichen wollen?

© Schöningh 978-3-14-025130-3

Differenzierungsmaterial 1

■ das und dass

1. Setze vor die folgenden Nomen den bestimmten Artikel und ein Adjektiv deiner Wahl.

Märchenbuch, Lied, Klassenzimmer, Lehrerpult, Gedicht

das bunte Märchenbuch, _____

_____

2. Formuliere einen Ausdruck mit einem Relativpronomen; kennzeichne wie im Beispiel.

das Märchenbuch, das ich gelesen habe; _____

_____

_____

3. Ersetze in den folgenden Sätzen das Demonstrativpronomen durch „dies" oder „dieses"; schreibe das Ersatzwort darüber.

Das ist ein weltbekanntes Jugendbuch über einen Zauberschüler.

Habt ihr das schon im Unterricht besprochen?

Es schlägt zwölf Uhr: Das ist die Stunde der Geister.

Der Mond geht auf. Das treibt uns zu großer Eile an.

4. Kennzeichne jeweils die Wortart von *das*. Setze in die Klammer:
Artikel (A), Demonstrativpronomen (D), Relativpronomen (R)

Erlebnisse der Klasse 6 d in Filmtiteln

Das (   ) gab's nur einmal!

Das (   ) fliegende Klassenzimmer

Das (   ) war so wunderbar, das (   ) ganze Jahr!

Das (   ) Mädchen, das (   ) unsere Sprecherin war!

Das (   ) Wunderkind, das (   ) aus den Wolken kam

Das (   ) Klassenmonster greift ein

5. Bilde mithilfe der Konjunktion *dass* ein Satzgefüge aus Hauptsatz/Basissatz und Nebensatz.

Lars weiß etwas. Die Mathearbeit wird verschoben.

Lars weiß, dass die Mathearbeit verschoben wird.

Nelli rechnet damit. Heute wird ein Vokabeltest geschrieben.

_____

Paul denkt schon öfter daran. Im Sommer findet eine Klassenfahrt statt.

_____

Er hofft es sehr. Alle haben gute Laune.

_____

© Schöningh 978-3-14-025130-3

das und dass

1. Kennzeichne jeweils in der Klammer die Wortart des Wortes *das*:
- Artikel (A) im Zusammenhang mit einem Nomen
- Demonstrativpronomen (D), Ersatzwörter: dieses, dies, jenes
- Relativpronomen (R), Ersatzwörter: welcher, welche, welches

Aus einem Klassengespräch

Sven: Hast du **das** ( ) tolle Bild dabei?

Micha: Welches Bild meinst du denn? Vielleicht **das** ( ) geile Foto, das wir auf der Klassenfahrt gemacht haben?

Sven: Genau, **das** ( ) meine ich!

Micha: Aber **das** ( ) habe ich dir doch schon letzte Woche mitgebracht!

Sven: Das Bild, **das** ( ) du mir gegeben hast, ist doch nicht von der letzten Klassenfahrt, **das** ( ) ist vom vergangenen Jahr.

Micha: Weißt du **das** ( ) genau?

Sven: Ja, **das** ( ) kann ich dir mit Sicherheit sagen. Kati hat **das** ( ) doch auch mitbekommen.

Micha: Na, wenn **das** ( ) so ist, bringe ich dir morgen **das** ( ) richtige Foto mit.

2. Kennzeichne die Konjunktion *dass* wie im Beispiel mit einem Kasten. Kennzeichne ebenso den <u>Hauptsatz/Basissatz</u> und den <u>Nebensatz</u>.

Tim: <u>Weißt du schon,</u> (dass) wir übermorgen schulfrei haben.

Lea: Und bist du dir sicher, dass dies kein Gerücht ist?

Tim: Ich bin mir ziemlich sicher, dass es stimmt. Die Schulsprecherin hat mir auch gesagt, dass es so ist.

Lars: Dann hoffe ich, dass du recht hast.

Tim: Dass du selbst mal wieder hinter'm Mond bist, wirst du heute noch erfahren.

Lea: Ich glaube auch, dass es stimmt. Ich denke, dass ich mich dann mit Julia verabrede.

3. Setze ein: *das* oder *dass*. Kennzeichne in der Klammer die Wortart:
Konjunktion (K), Artikel (A), Demonstrativpronomen (D), Relativpronomen (R).

_____ ( ) ein Mensch fliegt wie ein Vogel, ist ein uralter Traum der Menschheit. Heute ist

_____ ( ) bereits etwas Selbstverständliches. In den Bergen habt ihr sicherlich schon beobachtet, _____ ( ) Drachenflieger hoch oben dahingleiten. „Ist _____ ( ) nicht gefährlich?",

wird mancher fragen. _____ ( ) Drachenfliegen muss man erlernen. Man lernt zum Beispiel,

_____ ( ) man sich in den Windströmungen richtig verhält. Wer _____ ( ) nicht kann,

kommt ins Trudeln und stürzt ab. _____ ( ) Drachenfliegen, _____ ( ) auch Mut und

Körperbeherrschung erfordert, ist für manche _____ ( ) Tollste.

Kurzer Wissenscheck

das und dass

1. Ich kann bei Nomen/Substantiven den bestimmten Artikel *das* bestimmen.

Schreibe die Nomen auf, die den bestimmten Artikel *das* haben müssen.

Buch, Pause, Schulhof, Lehrerzimmer, Klassenlehrer, Schülersprecherin, Mathearbeitsheft, Rucksack, Geodreieck, Deutschunterricht, Englischlehrerin

das Buch, _____

2. Ich kann zwischen Demonstrativpronomen und Relativpronomen unterscheiden.

Kennzeichne in der Klammer entsprechend mit (D) und (R). Mache die Ersatzprobe, indem du *dieses* oder *welches* darüber schreibst.

Das Buch, das (R) in viele Sprachen übersetzt worden ist, machte seine Autorin weltberühmt. **Das**

(   ) ist das spannendste Buch, **das** (   ) Kati seit langem gelesen hat. Im Mittelpunkt der Handlung

steht ein Geheimnis, **das** (   ) von den drei Freunden entschlüsselt wird. Das Zauberbuch, **das** (   )

Hermine sich besorgt hat, zeigt den Kindern den Weg in den Zauberkeller. Die Freunde lösen **das** (   )

alles gemeinsam. Im Zauberwald finden sie das Auto, **das** (   ) sie schon lange gesucht haben.

3. Ich kann in den Satzgefügen mit der Konjunktion dass den Hauptsatz/Basissatz und den Nebensatz unterscheiden.

Kennzeichne in dem folgenden Gespräch jeweils <u>Hauptsatz/Basissatz</u> und <u>Nebensatz</u>.

Lotta: <u>Ich bin der Meinung</u>, <u>dass wir jetzt unser neues Projekt starten sollten.</u>

Tim: Dass wir schon wieder eine Lesenacht organisieren wollen, finde ich aber nicht so gut.

Karo: Wir können ja mal planen, dass wir ein Tierheim besuchen.

Marko: Ich schlage vor, dass wir eine Gruselparty machen.

Rena: Dass ihr immer wieder das Gleiche machen wollt, kann ich überhaupt nicht verstehen.

4. Ich kann zwischen das und dass unterscheiden.

Setze *das* oder *dass* richtig ein.

Lisa D., _____ Mädchen aus unserer Parallelklasse, _____ gestern in der Zeitung erwähnt wurde, hat

große Geistesgegenwart bewiesen. Als es bei einer Autofahrt bemerkte, _____ der Großvater am Steuer

offenbar eine Herzattacke hatte, lenkte _____ clevere Mädchen den Wagen vom Beifahrersitz durch _____

Verkehrsgeschehen. Die Polizei bemerkte, _____ sei eine filmreife Aktion gewesen. Als eine Fußgängerin

sah, _____ _____ schlingernde Auto auf sie zukam, musste sie sich durch einen Sprung in Sicherheit

bringen. _____ Mädchen konnte nicht verhindern, _____ _____ Auto eine Hausmauer und _____ an-

grenzende Haus streifte. Es wurde bekannt, _____ es dem Großvater von Lisa D. wieder besser geht.

70

Lösungen

das und dass

Basismaterial (S. 67)

1. <u>Moritz freut sich</u>, dass nächste Woche das Sportfest stattfindet. <u>Lena berichtet</u>, dass die SV neu gewählt werden soll. <u>Tom regt an</u>, dass über eine neuen Klassenordnung abgestimmt wird.
2. ... das (**A**) Hausheft, das (**D**) .../... das (**A**) kurze Lesestück, das (**R**) .../... Für das (**A**) Spiel, das (**R**) wir für das (**A**) Schulfest ..., ... Das (**D**) .../... das (**A**) Geschenk, das (**R**) wir ...

Differenzierungsmaterial 1 (S. 68)

1. Beispiele: das kurze Lied, das große Klassenzimmer, das neue Lehrerpult, das tolle Gedicht
2. Beispiele: das Lied, das ich kenne; das Klassenzimmer, das im ersten Stock ist, ...
3. Dies ist ein .../Habt ihr dies schon .../Dieses ist die Stunde .../Dies treibt uns ...
4. Das (**D**) gab's nur einmal!/Das (**A**) fliegende Klassenzimmer/Das (**D**) war so wunderbar, das (**A**) ganze Jahr!/Das (**A**) Mädchen, das (**R**) .../Das (**A**) Wunderkind, das (**R**) .../Das (**A**) Klassenmonster ...
5. <u>Nelli rechnet damit</u>, dass heute ein Vokabeltest geschrieben wird. <u>Paul denkt schon öfter daran</u>, dass im Sommer eine Klassenfahrt stattfindet. <u>Er hofft sehr</u>, dass alle gute Laune haben.

Differenzierungsmaterial 2 (S. 69)

1. Sven: ... das (**A**) tolle Bild .../Micha: ... Vielleicht das (**A**) geile Foto .../Sven: Genau, das (**D**) meine ich!/Micha: Aber das (**D**) habe .../Sven: Das Bild, das (**R**) du ..., ... das (**D**) ist vom vergangenen Jahr/Micha: Weißt du das (**D**) genau?/Sven: Ja, das (**D**) kann ich ... Kati hat das (**D**) doch auch mitbekommen./Micha: Na, wenn das (**D**) so ist, ... das (**A**) richtige Foto mit.
2. Lea: <u>Und bist du dir sicher</u>, dass dies kein Gerücht ist?/Tim: <u>Ich bin mir ziemlich sicher</u>, dass es stimmt. <u>Die Schulsprecherin hat mir auch gesagt</u>, dass es so ist./Lars: <u>Dann hoffe ich</u>, dass du recht hast./Tim: Dass du selbst mal wieder hinter'm Mond bist, wirst du heute noch erfahren./
3. Lea: <u>Ich glaube auch</u>, dass es stimmt. <u>Ich denke</u>, dass ich mich dann mit Julia verabrede.
4. **Dass** (**K**) ein Mensch ... Heute ist **das** (**D**) bereits ... In den Bergen habt ihr sicherlich schon beobachtet, **dass** (**K**) Drachenflieger ... „Ist **das** (**D**) nicht gefährlich?", ... **Das** (**A**) Drachenfliegen ... Man lernt zum Beispiel, **dass** (**K**) man ... Wer **das** (**D**) nicht kann, ... **Das** (**A**) Drachenfliegen, **das** (**R**) auch Mut und Körperbeherrschung erfordert, ist für manche **das** (**A**) Tollste.

Kurzer Wissenscheck (S. 70)

1. das Buch, das Lehrerzimmer, das Mathearbeitsheft, das Geodreieck ...
2. Das (**D, dieses**) ist das spannendste Buch, das (**R, welches**) Kati seit langem gelesen hat. Im Mittelpunkt der Handlung steht ein Geheimnis, das (**R, welches**) von den drei Freunden ... Das Zauberbuch, das (**R, welches**) Hermine sich besorgt hat, zeigt ... Die Freunde lösen das (**D, dieses**) alles gemeinsam. Im Zauberwald finden sie das Auto, das (**R, welches**) sie ...
3. Tim: <u>Dass wir schon wieder eine Lesenacht organisieren wollen</u>, finde ich aber nicht so gut.
   Karo: <u>Wir können ja mal planen</u>, dass wir ein Tierheim besuchen.
   Marko: <u>Ich schlage vor</u>, dass wir eine Gruselparty machen.
   Rena: Dass ihr immer wieder das Gleiche machen wollt, kann ich überhaupt nicht verstehen.
4. Lisa D, **das** Mädchen ..., **das** gestern in der Zeitung ... .../Als es bei einer Autofahrt bemerkte, **dass** der Großvater ... **das** clevere Mädchen .../Die Polizei bemerkte, **das** sei ... Als eine Fußgängerin sah, **dass das** Auto auf sie zukam, .../Das Mädchen konnte nicht verhindern, **dass das** Auto eine Hausmauer und **das** angrenzende Haus streifte./Es wurde bekannt, **dass** es dem Großvater ...

Modul 13: x-Laute

Die Lautverbindung ks (x-Laut) ist deshalb besonders schwierig, weil es für den **x-Laut** unterschiedliche Schreibweisen gibt, die du nicht durch Mitsprechen erschließen kannst:

x – Nixe, Hexe, e**x**tra, Le**x**ikon

ks – du win**ks**t, du trin**ks**t

gs – du zei**gs**t, mitta**gs**

cks – kle**cks**en, der Kni**cks**

chs – der La**chs**, der Fu**chs**, der O**chs**e

Du musst dir die Schreibweise von **Nachdenkwörtern** erklären und die **Merkwörter** einprägen.

- Bei **Wörtern mit gs, ks und cks** kannst du andere Wortformen oder Wortverwandte suchen, die genauso geschrieben werden.

  gs – am billi**gs**ten → mit g, weil: billi**g**er (du hörst: g)

  ks – du trin**ks**t → mit k, weil trin**k**en (du hörst k)

  cks – du ba**cks**t → mit ck, weil: ba**ck**en (du hörst ck)

- Bei **Wörtern mit x und chs** musst du dir die Schreibung gut einprägen oder im Wörterbuch nachsehen, wenn du unsicher bist.

Morgen früh um sechs kommt eine Hex´!

1. Trage richtig ein: gs, ks, cks. Erkläre die Schreibung wie im Beispiel.

gs? ks? cks?	Erklärung
nachmitta_gs_	die Nachmitta_g_ e
lin_ks_	die lin_k_ e Seite
unterwe____	
am schwieri____ten	
du lü____t	

gs? ks? cks?	Erklärung
du verste____t dich	
du sin____t ein	
du mer____t	
du we____t	
der Glü____tag	
ta____über	

2. Schreibe mindestens zwölf Wörter mit x auf. Setze vor die Nomen/Substantive den bestimmten Artikel.

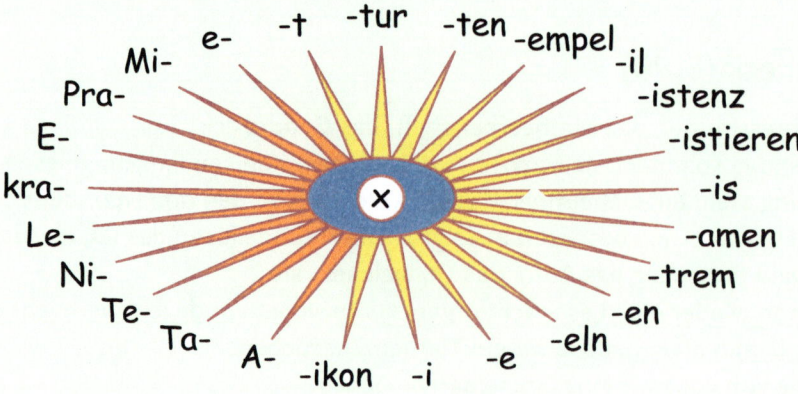

kraxeln,
_____

_____

© Schöningh 978-3-14-025130-3

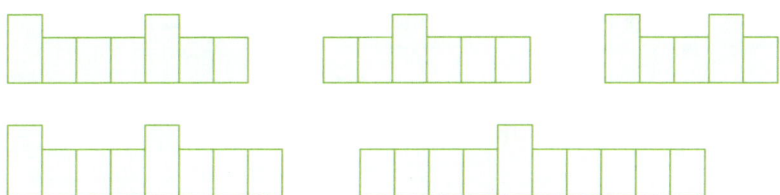

x-Laute

1. Setze gs, ks oder cks richtig ein. Gib eine Erklärung wie im Beispiel.

gs? ks? cks?	Erklärung
du win_____t	winken
du schme_____t	
du flie_____t	
du sin_____t ein Lied	
du erschre_____t dich	
am billi_____ten	
weni_____tens	
des Monta_____	
der Hut des Zwer_____	

2. Setze richtig ein: x, chs, gs, ks, cks. Schau dazu im Wortspeicher nach, ob du zu den Wörtern mit gs, ks und cks ein verwandtes Wort oder eine andere Wortform entdeckst. Sonst musst du x oder chs einsetzen.

Der Listi_____te ist der Fu_____.

Der Lu_____, der Fu_____ und der O_____e gingen zusammen jagen. Oft waren sie nachmitta_____ unter-

we_____s. Weil sie immer um die Beute tri_____ten, waren sie sich keineswe_____ immer einig. Einmal

schimpfte der O_____e stren_____tens mit dem Lu_____: „Ich breche dir noch alle H_____en, du Frech-

da_____s!" Der Fu_____, ein E_____perte im Überlisten, ließ seine Jagdgenossen lin_____ liegen und fraß

flu_____ die Beute auf.

listiger, strenger, linke, fliegen, Nachmittage, Wege, Tricks

3. Ordne den Buchstabensalat. Schreibe die Wörter mit chs in der richtigen Form auf. Schreibe vor die Nomen den bestimmten Artikel.

selWech – der Wechsel, chsOse – _____ _____, achDs – _____ _____,

wächsGehaus – _____ _____, zenKerwachs – _____ _____,

dechEise – _____ _____, wechsvereln – _____

4. Ordne die folgenden Merkwörter mit x den passenden Buchstabenbildern zu.

a) Lexikon, b) Texte, c) Praxis, d) Existenz, e) extrem, f) existieren

Differenzierungsmaterial 2

◼ x-Laute

1. Setze die Buchstabenverbindungen gs, ks, und cks richtig ein. Gib eine Erklärung wie im Beispiel.

gs? ks? cks?	Erklärung für die Schreibweise
der Kna_cks_	kna_ck_en
der Hä____el	
du hän____t	
kle____en	
du rin____t	
du lo____t	
anfan____	
rin____herum	
lin____	
län____	
du drü____t	

2. Buchstabenrätsel mit x

mit der Faust kämpfen   `[ ][ ][x][ ][ ]`

Mietauto   `[ ][ ][x][ ][ ]`

ein anderes Wort für schnell   `[ ][ ][x][ ][ ]`

Fachmann   `[ ][x][ ][ ][ ][ ][ ]`

im Wasser lebendes Fabelwesen   `[ ][ ][x][ ][ ][ ]`

Werkzeug zum Baumfällen   `[ ][x][ ]`

wissenschaftlicher Versuch   `[ ][x][ ][ ][ ][ ][ ][ ][ ]`

Sprengschlag   `[ ][x][ ][ ][ ][ ][ ][ ]`

3. Schreibe zehn Wörter mit x auf, die dir vertraut sind. Setze vor die Nomen/Substantive den bestimmten Artikel.

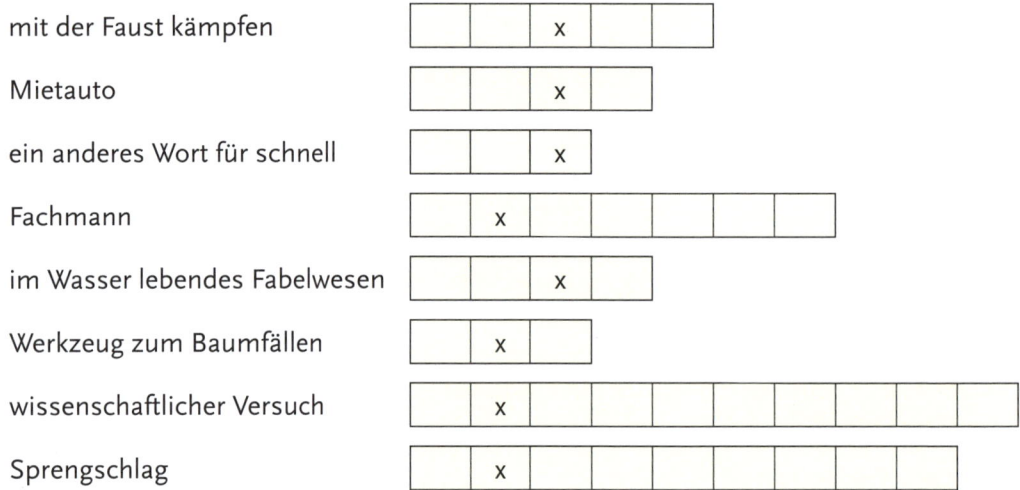

_____

_____

_____

Kurzer Wissenscheck

x-Laute

1. Ich kenne die wichtigsten Grundsätze für die Schreibung von x-Lauten.

Streiche die Aussagen an, die richtig sind.

☐ Alle Wörter mit einem x-Laut sind Mitsprechwörter: Du kannst immer heraushören, wie sie geschrieben werden.

☐ Mit gs schreibt man ein Wort, wenn es ein verwandtes Wort oder eine andere Wortform mit g gibt.

☐ Wörter mit chs muss man sich gut einprägen. Es sind Merkwörter.

☐ Mit ks schreibt man ein Wort, wenn es eine andere Wortform oder ein verwandtes Wort mit k gibt.

☐ Mit cks schreibt man ein Wort, wenn es eine andere Wortform oder ein verwandtes Wort mit ck gibt.

2. Ich kann x-Laute unterscheiden: x, chs, gs, ks und cks.

Gut, dass Luzia Lux nur eine Fantasie-figur ist …!

Setze entsprechend ein.

Luzia Lux ist ein fi____es Mädchen. Selbst die schwieri____ten Aufgaben löst sie in

e____trem kurzer Zeit. Sie gilt als E____pertin für alle möglichen Tri____s. Nie

benötigt sie ein Le____ikon. Sie ist fi____ mit allen Aufgaben fertig. Stren____tens

achtet sie darauf, alles zu schaffen. Ta____über ist Luzia oft mit ihren Freunden

unterwe____s. Jeder Tag ist für sie ein Glü____tag ...

3. Ich kann Fehler erkennen und korrigieren.

Korrigiere die Fehler im Bereich der x-Laute, schreibe die richtigen Buchstaben darüber. Die Fehler sind am Rand durch einen Strich gekennzeichnet. Schreibe die entsprechenden Wörter in richtiger Schreibweise in die Klammer.

I ● Der Mathelehrer Felix Fuchs möchte aus allen Schülern Echsperten für Algebra machen.

(_____)

I ● Die Physiklehrerin Maxi Mehr lässt Schüler die schwieriksten Experimente machen.

(_____)

II ● Der Geschichtslehrer Livius Kaiser passt auf wie ein Lucks, dass alle Schüler auch die wichtiksten

Daten kennen. (_____)

III ● Die Biolehrerin Viola Dachs unterrichtet länkst nicht nur über Oxen und Fükse.

(_____)

III ● Der Deutschlehrer Johannes Schäfer korrigiert Schülertechste immer strenkstens. Er legt Wert darauf,

dass immer ein Lecksikon benutzt wird. (_____)

© Schöningh 978-3-14-025130-3

Lösungen

x-Laute

Basismaterial (S. 72)

1. unterwegs → Wege, am schwierigsten → schwieriger, du lügst → lügen, du versteckst dich → verstecken, du sinkst ein → einsinken, du merkst → merken, du weckst → wecken, der Glückstag → glücken, tagsüber → Tage
2. Beispiele: die Axt, die Praxis, das Taxi, existieren, die Mixtur, das Exil, das Exempel, das Lexikon, die Nixe, die Existenz, das Examen, der Text

Differenzierungsmaterial 1 (S. 73)

1. du winkst → winken, du schmeckst → schmecken, du fliegst → fliegen, du singst → singen, du erschreckst dich → sich erschrecken, am billigsten → billiger, wenigstens → weniger, des Montags – die Montage, der Hut des Zwergs → die Zwerge
2. der Listigste (listiger), der Fuchs, der Luchs, der Ochse, nachmittags (die Nachmittage), unterwegs (die Wege), tricksten (die Tricks), keineswegs (die Wege), strengstens (die Strenge), Hachsen, Frechdachs, Experte, links (die linke Seite) flugs (fliegen)
3. der Ochse, der Dachs, das Gewächshaus, das Kerzenwachs, die Eidechse, verwechseln
4. Reihenfolge: a, e, b, d, f

Differenzierungsmaterial 2 (S. 74)

1. Häcksel – hacken, du hängst – hängen, klecksen – kleckern, du ringst – ringen, du lockst – locken, anfangs – anfangen, ringsherum – die Ringe, links – die linke Seite, längs – länger, du drückst – drücken
2. Auflösung: boxen, Taxi, fix, Experte, Nixe, Axt, Experiment, Explosion
3. Beispiele: exakt, der Experte, exotisch, das Examen, der Export, die Extratour, experimentieren, die Expertin, der Exfreund, extrem

Kurzer Wissenscheck (S. 75)

1. Richtig sind: 2, 3, 4, 5
2. fixes, schwierigsten, extrem, Expertin, Tricks, Lexikon, fix, strengstens, tagsüber, unterwegs, Glückstag
3. Experten/schwierigsten/Luchs, wichtigsten/längst, Ochsen, Füchse/Schülertexte, strengstens, Lexikon

Modul 14: Getrennt schreiben oder zusammenschreiben?

1. **Getrenntschreibung:** Es handelt sich dabei um Bestandteile von Wortgruppen:
   - Wortgruppen aus Nomen/Substantiv und Verb: Rad fahren, Angst haben
     Achtung, bitte merken: Wenn die Wortgruppe als Nomen gebraucht wird:
     groß und zusammen; Beispiel: Das *Radfahren* macht mir Spaß.
   - Wortgruppen aus zwei Verben (z. B. Infinitiv oder Partizip): schwimmen gehen,
     arbeiten gehen, gestört werden, getrennt leben, gefangen nehmen
   - Verbindungen mit dem Wort *sein*: da sein, zurück sein, sicher sein, weg sein,
     dabei sein. Im Satz: Er ist dabei. Sie will um zwei Uhr zurück sein.
2. **Zusammenschreibung**
   - Zusammensetzungen aus Nomen/Substantiv und Adjektiven: Scharfsinn,
     hellgrün.
   - Zusammensetzungen aus kleinen Wortbausteinen und Verben: wegfahren,
     ablegen, loslaufen, hereinkommen. Im Satz werden diese Verben mal getrennt
     und mal zusammengeschrieben: Er kommt heute an. Er wird heute ankommen.

1. Ordne die im Text markierten Wortzusammensetzungen richtig in die Liste ein.

Vogelfutter auf der **Autobahn**

Ein umgestürzter **Lastwagen**, der Vogelfutter geladen hatte, verwandelte gestern **blitzschnell** eine **Schnellstraße** in eine **Rutschbahn**. Das **feinkörnige** Vogelfutter verteilte sich **meterweit** über die dreispurige **Fahrbahn**. Nachfolgende Autos zerquetschten das Vogelfutter mit ihren Reifen, sodass sich auf der Straße ein ölartiger **Schmierfilm** bildete. Nach dem Einsatz einer **Reinigungsfirma** konnte nach zwei Stunden der **Autobahnabschnitt** wieder für den **Durchgangsverkehr freigegeben** werden. Der reiche **Futtersegen** war den Vögeln offenbar verborgen geblieben.

- neue Nomen/Substantive aus zwei oder drei Nomen (8): *das Vogelfutter,* _____
  _____
  _____

- neues Nomen/Substantiv aus Adjektiv und Nomen (1): _____

- neue Nomen/Substantive aus Verb und Nomen (2): _____

- neue Adjektive aus zwei Adjektiven (2): _____

- neues Adjektiv aus Nomen und Adjektiv (1): _____

- neues Verb aus Adjektiv und Verb (1): _____

2. Bilde Wortgruppen aus Nomen/Substantiv und Verb.

Nomen/Substantiv	Verb
Angst, Walzer, Fernsehen	haben, stehen, fahren
Auto, Federball, Musik	tanzen, nehmen, gucken, fahren
Ski, Kaugummi, Platz, Schlange	spielen, hören, laufen, hören, kauen

Angst haben, _____
_____
_____

© Schöningh 978-3-14-025130-3

■ Getrennt schreiben oder zusammenschreiben?

1. Bilde aus den folgenden Nomen/Substantiven ein neues zusammengesetztes Nomen. Setze den Artikel davor.

| Würfel, Hühner, Apfel, Teppich, Käse | | Stange, Auge, Zucker, Strudel, Kuchen |

der Würfelzucker, _____

_____

_____

2. Bilde neue zusammengesetzte Nomen/Substantive aus Verb und Nomen. Setze vor das neue Nomen den bestimmten Artikel.

Verben: warten, drehen, schreiben, essen, lesen, raten, sehen

Nomen: Tisch, Tür, Gerät, Raum, Hilfe, Spiel, Buch

der Warteraum, _____

_____

_____

3. Bilde aus den folgenden Adjektiven und Nomen/Substantiven neue Nomen, setze den bestimmten Artikel vor das Nomen.

Adjektive: bunt, hoch, faul, übel, voll, schwarz, bunt, glatt, grün

Nomen: Täter, Tier, Mond, Drossel, Stift, Haus, Specht, Schnabel, Eis

der Buntspecht, _____

_____

_____

4. Bilde aus den folgenden beiden Adjektivgruppen neue zusammengesetzte Adjektive.

| gelb, hell, dunkel, blass, dumm, süß | | grün, blau, dreist, rot, rosa, sauer |

_____

_____

_____

5. Bilde aus den folgenden Nomen/Substantiven und Adjektiven neue zusammengesetzte Adjektive.

Nomen: Blitz, Feder, Zucker, Bären, Brand, Knöchel, Butter, Raben, Kern

Adjektive: gesund, schwarz, schnell, leicht, stark, süß, weich, gefährlich, tief

_____

_____

_____

Getrennt schreiben oder zusammenschreiben?

1. Setze mindestens fünfzehn Verben aus den kleinen Bausteinen (Partikeln) und den Verben zusammen.

Kleine Bausteine: ab, an; auf, durch, herab, herunter, hinaus, hinterher, hoch, los, mit, weiter, zu, zurück, zusammen, weg, wieder, aus

Verben: finden, laufen, fahren, finden, gehen, heben, machen, nehmen, rutschen, kommen, eilen, rennen, klettern, sehen, schauen

abfahren, ____________________

____

____

____

2. Setze die Verben aus dem Wortspeicher der Reihe nach in der Zeitform Präsens (Gegenwart) ein. Achte darauf, wann das Verb aus zwei Teilen besteht und wann es zusammengeschrieben wird.

Tessa ____________ nicht ____________. Nach dem verlorenen ersten Satz will sie unbedingt ____________. Im zweiten Satz ____________ sie überraschenderweise ____________, sodass sie selbst ____________ und ihre Gegnerin im Spiel ____________. Sie ________ ________, dass sie beim Anschlag auf dem Rasen nicht ____________ und ____________. Schließlich ____________ sie das Match doch noch mit 2:1 ____________.

nachlassen, weitermachen, aufpassen, standhalten, abschließen, aufgeben, aufholen, ausrutschen, hinfallen

3. Man unterscheidet bei Verbzusammensetzungen trennbare Verben und untrennbare Verben. Setze passende Verben aus dem folgenden Kasten in die Sätze unten ein. Benutze die Zeitform Präteritum (Vergangenheit).

> **Trennbare Verben** können im Satz getrennt werden:
> ankommen, hinausgehen, zurückfahren, auslachen
>
> **Untrennbare Verben** können im Satz nicht getrennt werden:
> überzeugen, übersetzen, übernehmen, übertreiben

Sie ____________ ihn ____________, wenn er mal wieder seine Geschichten erzählte.

Er ____________ die ganze Strecke ____________.

Beleidigt ____________ sie ____________.

Der Zug ____________ erst mit Verspätung ____________.

Sie ____________ das Buch ins Englische.

Er ____________ mit seinem Vortrag die Zuhörer nicht.

Der Geschäftsmann ____________ sämtliche Kosten.

Um seine Hinweise deutlich zu machen, ____________ er ein wenig.

Kurzer Wissenscheck

Getrennt schreiben oder zusammenschreiben?

1. Ich kann Zusammensetzungen zweier Nomen/Substantive und Zusammensetzungen von Nomen und Adjektiven richtig bilden und richtig schreiben.

Bilde Zusammensetzungen wie im Beispiel und trage ein.

Tessa nimmt die _____ (Bälle für das Tennisspiel) aus der _____

(Schublade des Schrankes). Danach zieht sie schnell ihre _____ (Hose für den Sport)

an, knallt die _____ (Tür des Hauses) zu und schwingt sich auf den Sattel ihres

_____ (Rad für das Gelände).

_____ (schnell wie der Blitz) rast sie zur _____ (Halle für Tennis).

Diese liegt neben dem _____ (Platz für Fußball). Ihre _____ (Part-

nerin fürs Tennis) ist bereits da. Schon nach wenigen Minuten fliegen die Bälle _____

(hart wie ein Knall) über die _____ (Kante des Netzes).

2. Ich kann Zusammensetzungen aus Verb und kleinem Wortbaustein (Partikel) bilden.

a) Bilde fünf Zusammensetzungen.

| aus, an, ab, heraus, weg, entgegen | | eilen, ziehen, biegen, kommen, laufen, setzen, helfen, lachen |

_____

_____

b) Setze die passenden Verben (Zeitform Präsens) in die Lücken ein: annehmen, abgeben, mitkommen, weggehen

- Tom _____ im ersten Satz ein Aufschlagspiel _____.

- Susanne _____ den Aufschlag des Gegners nicht richtig _____.

- Tom _____ schnell _____, als er das Spiel verloren hat.

- Susanne _____ _____.

3. Ich kenne wichtige Regeln zur Zusammen- und Getrenntschreibung.

Kreuze die zutreffenden Aussagen an.

☐ Zusammensetzungen aus zwei oder mehreren Nomen werden kleingeschrieben.

☐ Wortgruppen aus Nomen und Verb (Auto fahren) werden getrennt geschrieben.

☐ Wortgruppen aus Nomen und Verb werden nur dann zusammen- und großgeschrieben, wenn sie nominalisiert/substantiviert werden (das Autofahren).

☐ Nichttrennbare Verben, vor allem mit dem Wortbaustein *über-*, werden immer zusammengeschrieben.

Lösungen

Getrennt schreiben und zusammenschreiben?

Basismaterial (S. 77)

1. **Nomen/Substantiv aus zwei oder drei Nomen:** die Autobahn, der Lastwagen, der Schmierfilm, die Reinigungsfirma, der Autobahnabschnitt, der Durchgangsverkehr, der Futtersegen
   Nomen/Substantiv aus Adjektiv und Nomen: die Schnellstraße
   Nomen/Substantiv aus Verb und Nomen: die Rutschbahn, die Fahrbahn
   Adjektiv aus zwei Adjektiven: blitzschnell, feinkörnig
   Adjektiv aus Nomen und Adjektiv: meterweit
   Verb aus Adjektiv und Verb: freigeben
2. Angst haben, Walzer tanzen, Fernsehen gucken, Auto fahren, Federball spielen, Musik hören, Ski fahren, Kaugummi kauen, Platz nehmen, Schlange stehen

Differenzierungsmaterial 1 (S. 78)

1. das Hühnerauge, der Apfelstrudel, die Teppichstange, der Käsekuchen
2. die Drehtür, das Schreibgerät, der Esstisch, das Lesebuch, die Sehhilfe, das Ratespiel
3. das Hochhaus, das Faultier, der Übeltäter, der Vollmond, die Schwarzdrossel, das Glatteis, der Grünschnabel
4. gelbgrün, hellblau, dummdreist, dunkelrot, blassrosa, süßsauer
5. blitzschnell, federleicht, zuckersüß, bärenstark, rabenschwarz, kerngesund, brandgefährlich, knöcheltief, butterweich

Differenzierungsmaterial 2 (S. 79)

1. Beispiele: weglaufen, hinausfahren, wiederfinden, losgehen, aufheben, weitermachen, mitnehmen, ausrutschen, ankommen, herabeilen, hinterherrennen, hochklettern, aufsehen, anschauen, abfinden
2. Tessa **gibt** nicht **auf**. Nach dem verlorenen ersten Satz will sie unbedingt **weitermachen**. Im zweiten Satz **hält** sie überraschenderweise **stand**, sodass sie selbst **aufholt** und ihre Gegnerin im Spiel **nachlässt**. Sie **passt auf**, dass sie beim Anschlag auf dem Rasen nicht **ausrutscht** und **hinfällt**. Schließlich **schließt** sie das Match doch noch mit 2:1 **ab**.
3. Sie **lachte** ihn **aus**, wenn er mal wieder seine Geschichten erzählte. Er **fuhr** die ganze Strecke **zurück**. Beleidigt **ging** sie **hinaus**. Der Zug **kam** erst mit Verspätung an. Sie übersetzte das Buch ins Englische. Er **überzeugte** mit seinem Vortrag die Zuhörer nicht. Der Geschäftsmann **übernahm** sämtliche Kosten. Um seine Hinweise deutlich zu machen, **übertrieb** er ein wenig.

Kurzer Wissenscheck (S. 80)

1. die Tennisbälle, aus der Schrankschublade, ihre Sporthose, die Haustür, ihres Geländerades, blitzschnell, zur Tennishalle, ihre Tennispartnerin, knallhart, über die Netzkante
2. a) Beispiele: anziehen, herauseilen, abbiegen, ankommen, weglaufen, aussetzen, heraushelfen, auslachen
   b) Tom **gibt** im ersten Satz ein Aufschlagspiel **ab**. Susanne **nimmt** den Aufschlag des Gegners nicht richtig **an**. Tom **geht** schnell **weg**, als er das Spiel verloren hat. Susanne **kommt mit**.
3. Richtig sind: 2, 3, 4

© Schöningh 978-3-14-025130-3

Modul 15: Redezeichen bei der wörtlichen Rede

Die wörtliche Rede kann eine unterschiedliche Form haben: Sie kann die Form einer **Aussage** (mit einem Punkt am Ende der wörtlichen Rede) oder einer **Frage** (mit Fragezeichen) haben. Außerdem kann sie die Form einer **Aufforderung** (Ausrufezeichen) haben. Auch ein **Ausruf** oder ein **Wunsch** werden mit einem Ausrufezeichen abgeschlossen. Man unterscheidet den **Begleitsatz** und die eigentliche **wörtliche Rede**.

1. **Begleitsatz vorn**
   a) <u>Luisa meint</u>: „Ich gehe heute ins Kino." (Aussage)
   b) <u>Luisa fragt ihre Freundin</u>: „Gehst du heute mit ins Kino?" (Frage)
   c) <u>Luisa fordert ihre Freundin auf</u>: „Geh doch mit ins Kino!"(Aufforderung)
   <u>Luisa ruft</u>: „Das ist toll!" (Ausruf)
   <u>Luisa meint</u>: „Ich möchte gern den Zauberfilm sehen!" (Wunsch)

2. **Begleitsatz hinten**
   a) „Ich gehe heute ins Kino", <u>meint Luisa</u>.
   b) „Gehst du heute mit ins Kino?", <u>fragt Luisa ihre Freundin</u>.
   c) „Geh doch mit ins Kino!", <u>fordert Luisa ihre Freundin auf</u>.

3. **Begleitsatz in der Mitte**
   a) „Ich komme", <u>meint sie</u>, „heute mit ins Kino."
   b) „Kommst du", <u>fragt sie</u>, „heute mit?"
   c) „Komm doch bitte", <u>meint Luisa</u>, „heute mit!"

1. Setze die fehlenden Satz- und Redezeichen ein. Notiere in dem Kästchen jeweils die Nummer der Zusammenstellung oben.

2b	____ Kommst du mit ____ fragt Steffi ____
	Malena ruft ____ Wenn doch schon Ferien wären ____
	Tom fragt ____ Hast du Mathe verstanden ____
	____ So ein verflixtes Pech ____ ruft Emmi enttäuscht ____
	Moritz bemerkt ____ Gestern war Tante Paula zu Besuch ____
	____ Jakob hat heute schlechte Laune ____ bemerkt Hanna ____
	____ Lass das ____ meint Liane energisch ____
	____ Hallo, ihr beiden ____ bemerkt die Biolehrerin freundlich ____

2. Setze bei dem folgenden Schülerwitz die fehlenden Redezeichen. Achte auf die Striche; jeder Strich bedeutet ein Satz- oder Redezeichen.

   ____ Können Fische eigentlich auch schlafen ____ ____ ____ fragt Jan seinen Banknachbarn Tim____

   ____ Natürlich ____ ____ antwortet dieser ____ ____ wozu gäbe es sonst ein Flussbett ____ ____

Redezeichen bei der wörtlichen Rede

1. Kennzeichne in den folgenden Sätzen den <u>Redebegleitsatz</u> und die <u>wörtliche Rede</u>. Setze danach die fehlenden Satz- und Redezeichen.

__ Wer weiß einen schönen Tierwitz __ __ __ fragt der Bio-Lehrer __ __ Ich kenne wohl ein paar tolle

Schülerwitze __ __ meint Sara __ __ Mir fällt da __ __ überlegt Lars __ __ ein Witz über Glühwürm-

chen ein __ __ __ Nun leg schon los __ __ __ fordert Felix ihn auf __

2. Setze die fehlenden Satz- und Redezeichen. Achte auf die entsprechenden Linien. Ein Strich steht für ein Satz- oder Redezeichen (Anführungszeichen, Komma, Punkt, Fragezeichen, Ausrufezeichen).

Zwei Glühwürmchen treffen sich im Park.

__ Ich hab's eilig, denn ich muss zum Augenarzt __ __ sagt das eine Glüh-

würmchen.

__ Hast du denn schlechte Augen __ __ __ fragt das andere.

__ Ja, stell dir vor __ __ erzählt da das erste Glühwürmchen __ __ gestern

habe ich doch tatsächlich versucht, eine Zigarette zu küssen __ __

> Der könnte von mir sein!

3. Setze in den folgenden beiden Witzen die fehlenden Redezeichen. Achte auf die Anzahl der Striche.

a) Zwei arbeitslose Flöhe treffen sich auf der Straße.

__ Ich möchte wenigstens mal ein paar hundert Euro im Lotto gewinnen __ __ sagt der erste __

__ Und was machst du dann mit dem Geld __ __ __ fragt der andere __

Darauf erwidert der erste Floh __ __ Dann kauf ich mir einen Hund, ganz für mich allein __ __

b) Ein arbeitsloser Artist wird beim Zirkusdirektor vorstellig und erklärt stolz __

__ Herr Direktor, ich würde gern in ihrem Zirkus auftreten, denn ich kann Vögel nachmachen __ __

Müde winkt der Direktor ab und meint __ __ Junger Mann, diese Nummer ist nun wirklich uralt __ __

__ Na schön __ __ meint der Mann, __ dann eben nicht __ __

Nach diesen Worten fliegt er aus dem Fenster.

© Schöningh 978-3-14-025130-3

■ Redezeichen bei der wörtlichen Rede

1. Kennzeichne in den folgenden Witzen den <u>Begleitsatz</u> (Unterstreichung) und die <u>wörtliche Rede</u> (gestrichelte Linie). Setze danach die fehlenden Satz- und Redezeichen. Achte auf die Anzahl der Striche.

a) Der Lehrer fragt Franzi __ __ Was kannst du über die Inseln im Mittelmeer sagen __ __

__ Die Inseln im Mittelmeer sind alle größer oder kleiner als Sizilien __ __ antwortet Franzi __

b) __ Nenne mir eine Eigenschaft des Wassers __ __ __ fordert Herr Meermeier seinen Schüler Tom

auf __ Tom antwortet prompt __ __ Wenn ich mich damit wasche, wird es schwarz __ __

c) Uli wird vom Bio-Lehrer gefragt __ __ Welcher Vogel baut kein eigenes Nest __ __

Er antwortet __ __ Der Kuckuck __ __

__ Und warum __ __ hakt der Lehrer nach __ __ baut er kein eigenes Nest __ __

__ Weil er in der Kuckucksuhr wohnt __ __ kommt Ulis Antwort wie aus der Pistole geschossen.

2. Ergänze die fehlenden Satz- und Redezeichen in den beiden folgenden Witzen. Orientiere dich an der Zusammenstellung im Basismaterial.

a) Die Physiklehrerin fragt auf folgende Weise nach der Brechung des Lichtstrahls __ __ Was geschieht

also, wenn Licht ins Wasser fällt __ __

Da meldet sich Benni und meint __ __ Da geht das Licht aus, Frau Winkelmann __ __

b) __ Du hast ja viel dreckigere Beine als ich __ __ meint Tim zu einem Mitschüler aus einer höheren

Klasse __

__ Ja __ __ antwortet dieser stolz __ __ ich bin ja auch zwei Jahre älter als du __ __

3. Manchmal fehlen bei der Wiedergabe von Gesprächen auch Begleitsätze. Dann kann man aus dem Zusammenhang entnehmen, wer spricht. Setze die fehlenden Satz- und Redezeichen. Achte auf die Anzahl der Striche.

Heute stehen im Bio-Unterricht die menschlichen Sinnesorgane auf dem Stundenplan.

__ So, wer sieht wohl besser als der Mensch __ __ __ fragt der Lehrer __

__ Der Adler __ __

__ Und wer hört wohl besser als der Mensch __ __

__ Die Katze __ __

__ Und wer riecht besser als der Mensch __ __

__ Die Rose __ __ tönt es aus der hintersten Reihe.

Kurzer Wissenscheck

Redezeichen bei der wörtlichen Rede

1. Ich kenne wichtige Regeln für die Redezeichen bei der wörtlichen Rede.

Kreuze die richtigen Aussagen an.

☐ Der Begleitsatz kann nicht vorne stehen.

☐ Die wörtliche Rede wird immer in Anführungszeichen gesetzt.

☐ Die wörtliche Rede kann ein Aussagesatz, ein Fragesatz, ein Aufforderungssatz, Wunschsatz oder ein Ausrufesatz sein.

☐ Der Begleitsatz kann hinten stehen.

☐ Der Begleitsatz kann in der Mitte stehen.

☐ In Gesprächen kann der Begleitsatz manchmal fehlen.

☐ Die wörtliche Rede wird selten durch Anführungszeichen gekennzeichnet.

2. Ich kann die fehlenden Redezeichen mithilfe vorgegebener Striche einsetzen.

Setze in den folgenden Witz alle Rede- und Satzzeichen ein. Achte auf die Striche; jeder Strich bedeutet ein Rede- oder Satzzeichen.

Nach der Rückgabe der Arbeit ist Hanna entsetzt und sagt __ __ Fünfzehn Fehler im Diktat, wie ist das nur

möglich __ __ __ Schuld ist die Lehrerin __ __ meint Janni __ __ die sucht ja richtig danach __ __

3. Ich kann die fehlenden Redezeichen selbstständig und ohne Hilfen einsetzen.

Setze in den folgenden Witzen die Redezeichen ein.

a) Die ein wenig ältere Lehrerin erklärt den Schülern im Deutschunterricht die verschiedenen Zeitformen

   des Verbs. Sie fragt Micha __ __ Was ist das für eine Zeit, wenn ich sage, dass ich schön

   bin __ __ __ Das ist Vergangenheit, Frau Mehlig __ __ antwortet Micha prompt.

b) __ Weißt du, was du bist __ __ __ fragt der Lehrer, der den eingeschlafenen Schüler wachrüttelt __

   __ Natürlich __ __ antwortet Benni __ __ ein aufgeweckter Schüler __ __

© Schöningh 978-3-14-025130-3

Lösungen

Redezeichen bei der wörtlichen Rede

Basismaterial (S. 82)

1. (1c) Malena ruft: „Wenn doch schon Ferien wären!"

(1b) Tom fragt: „Hast du Mathe verstanden?"

(2c) „So ein verflixtes Pech!", ruft Emmi enttäuscht.

(1a) Moritz bemerkt: „Gestern war Tante Paula zu Besuch."

(2a) „Jakob hat heute schlechte Laune", bemerkt Hanna.

(2c) „Lass das!", meint Liane energisch.

(2c) „Hallo, ihr beiden!", bemerkt die Biolehrerin freundlich.

2. „Können Fische eigentlich auch schlafen?", fragt Jan seinen Banknachbarn Tim. „Natürlich", antwortet dieser, „wozu gäbe es sonst ein Flussbett?"

Differenzierungsmaterial 1 (S. 83)

1. „Wer weiß einen schönen Tierwitz?", fragt der Bio-Lehrer. „Ich kenne wohl eine paar tolle Schülerwitze", meint Sara. „Mir fällt da", überlegt Lars, „ein Witz über Glühwürmchen ein." „Nun leg schon los!", fordert Felix ihn auf.

2. Zwei Glühwürmchen treffen sich im Park. „Ich hab's eilig, denn ich muss zum Augenarzt", sagt das eine Glühwürmchen. „Hast du denn schlechte Augen?", fragt das andere. „Ja, stell dir vor", erzählt da das erste Glühwürmchen, „gestern habe ich doch tatsächlich versucht, eine Zigarette zu küssen."

3. a) Zwei arbeitslose Flöhe treffen sich auf der Straße. „Ich möchte wenigstens mal ein paar hundert Euro im Lotto gewinnen", sagt der erste. „Und was machst du dann mit dem Geld?", fragt der andere. Darauf erwidert der erste Floh: „Dann kauf ich mir einen Hund, ganz für mich allein."

b) Ein arbeitsloser Artist wird beim Zirkusdirektor vorstellig und erklärt stolz: „Herr Direktor, ich würde gern in ihrem Zirkus auftreten, denn ich kann Vögel nachmachen." Müde winkt der Direktor ab und meint: „Junger Mann, diese Nummer ist nun wirklich uralt." „Na schön", meint der Mann, „dann eben nicht." Nach diesen Worten fliegt er aus dem Fenster.

Differenzierungsmaterial 2 (S. 84)

1. a) Der Lehrer fragt Franzi: „Was kannst du über die Inseln im Mittelmeer sagen?" „Die Inseln im Mittelmeer sind alle größer oder kleiner als Sizilien", antwortet Franzi.

b) „Nenne mir eine Eigenschaft des Wassers!", fordert Herr Meermeier seinen Schüler Tom auf. Tom antwortet prompt: „Wenn ich mich damit wasche, wird es schwarz."

c) Uli wird vom Bio-Lehrer gefragt: „Welcher Vogel baut kein eigenes Nest?" Er antwortet: „Der Kuckuck." „Und warum", hakt der Lehrer nach, „baut er kein eigenes Nest?" „Weil er in der Kuckucksuhr wohnt", kommt Ulis Antwort wie aus der Pistole geschossen.

2. a) Die Physiklehrerin fragt auf folgende Weise nach der Brechung des Lichtstrahls: „Was geschieht also, wenn Licht ins Wasser fällt?" Da meldet sich Benni und meint: „Da geht das Licht aus, Frau Winkelmann."

b) „Du hast ja viel dreckigere Beine als ich", meint Tim zu einem Mitschüler aus einer höheren Klasse. „Ja", antwortet dieser stolz, „ich bin ja auch zwei Jahre älter als du."

3. Heute stehen im Bio-Unterricht die menschlichen Sinnesorgane auf dem Stundenplan. „So, wer sieht wohl besser als der Mensch?", fragt der Lehrer.

„Der Adler."

„Und wer hört wohl besser als der Mensch?"

„Die Katze."

„Und wer riecht besser als der Mensch?"

„Die Rose", tönt es aus der hintersten Reihe.

Kurzer Wissenscheck (S. 85)

1. Richtig sind: 2, 3, 4, 5, 6

2. Nach der Rückgabe der Arbeit ist Hanna entsetzt und sagt: „Fünfzehn Fehler im Diktat, wie ist das nur möglich?" „Schuld ist die Lehrerin", meint Janni, „die sucht ja richtig danach."

3. a) Die ein wenig ältere Lehrerin erklärt den Schülern im Deutschunterricht die verschiedenen Zeitformen des Verbs. Sie fragt Micha: „Was ist das für eine Zeit, wenn ich sage, dass ich schön bin?" „Das ist Vergangenheit, Frau Mehlig", antwortet Micha prompt.

b) „Weißt du, was du bist?", fragt der Lehrer, der den eingeschlafenen Schüler wachrüttelt. „Natürlich", antwortet Benni, „ein aufgeweckter Schüler."

© Schöningh 978-3-14-025130-3

Modul 16: Kommasetzung I: Aufzählung, Anrede, Ausruf, Einschub

Das Komma markiert eine Sprechpause im Satz; dies hat auch etwas mit der Bedeutung des Satzes zu tun. Viele Satzzeichen kannst du heraushören, wenn du deutlich und betont sprichst. Wenn du zusätzlich einige Regeln kennst, kannst du bei Unsicherheit die Kommasetzung erklären.

Dies sind wichtige **Regeln:**
- Ein Komma wird gesetzt bei **Aufzählungen** von Wörtern, Wortgruppen und Sätzen; vor *und* und *oder* steht kein Komma. Beispiele: <u>Sven</u>, <u>Mirko</u> **und** <u>Luise</u> organisieren für das Schulfest den Verkauf von Plätzchen. <u>Pedro malt die Plakate für das Schulfest</u>, <u>Jan arbeitet mit den Lehrern zusammen</u> **und** <u>Tessa sorgt für den Kontakt zu den Eltern</u>.
- Ein Komma wird gesetzt bei **Anreden, Ausrufen** und bei **Einschüben**. Beispiele: <u>Prima</u>, das klappt ja super! (Ausruf) Machst du auch mit, <u>Hanna</u>? (Anrede) Miriam, <u>Toms Banknachbarin</u>, kommt auch. (Einschub)

1. Setze die Kommas bei Aufzählungen. Unterstreiche die aufgezählten Wörter oder Wortgruppen.

- Für den Flohmarktstand auf dem Schulfest haben Lisa Tim Jochen und Ben bereits unterschiedliche Sachen gesammelt.
- Vor dem Schulfest werden in der 6a fleißig Ideen gesammelt es wird geplant organisiert und diskutiert.
- Die Klasse 5c möchte entweder einen Info-Stand organisieren, ein kleines Theaterstück einüben oder eine Losbude einrichten.
- Für den Flohmarkt sind unter anderem vorgesehen: gut erhaltene Kinder- und Jugendbücher Spiele Musikkassetten sowie DVDs.
- Frau Konradi kümmert sich um die Verteilung der Stände Frau Grote um die technischen Dinge und Herr Bürger bemüht sich um den Kontakt zu den Eltern.

2. Setze die fehlenden Kommas. Unterstreiche Anrede oder Ausruf.

Hallo seid ihr auch schon da?
Ich habe da eine Frage Herr Bürger.
Lotta kannst du mal mit anpacken?
Oh je steht der Termin noch nicht fest?

3. Füge die Informationen des zweiten Satzes als Einschub in den ersten Satz ein. Setze jeweils die Kommas.

Mit Lisa versteht sich Jonas gut. Lisa ist die Sitznachbarin von Jonas.

<u>Mit Lisa, seiner Sitznachbarin, versteht sich Jonas gut.</u>

Julia spielt bei dem Theaterstück mit. Julia ist ein Mädchen aus der 6c.

_____

Frau Nolte will einen Jazztanz organisieren. Frau Nolte ist unsere Sportlehrerin.

_____

Herr Berendes übt mit uns Sketche ein. Herr Berendes ist unser Klassenlehrer.

_____

Das Schulfest beschäftigt die ganze Schule. Das Schulfest rückt immer näher.

_____

Kommasetzung: Aufzählungen

1. Setze die Kommas bei Aufzählungen. Unterstreiche die aufgezählten Wörter und Wortgruppen. Denke daran, dass vor *und* und *oder* kein Komma gesetzt wird.

- Auf dem Schulfest gibt es Vorführungen Unterhaltungsprogramme für Groß und Klein Erfrischungen jeder Art verschiedene Modenschauen und vieles andere.
- Auf dem Schulhof kann man sich das Fahrrad oder Auto waschen lassen an Geschicklichkeitsspielen teilnehmen oder sich an der Würstchenbude stärken.
- Alle Schüler der Schule die Eltern und die Lehrer haben ein tolles Programm auf die Beine gestellt.
- War der Flohmarkt auf dem Schulfest ein großer Erfolg sollte er deshalb wiederholt werden oder sollte man demnächst doch darauf verzichten?
- In den letzten Tagen vor den Ferien sollen noch das Sportfest stattfinden ein Theaterstück der Klasse 6d über die Bühne gehen sowie die Ergebnisse der Projekttage vorgestellt werden.
- Am letzten Schultag werden die Zeugnisse ausgeteilt die Klassenschränke geleert und die geliehenen Schulbücher eingesammelt.
- In den Ferien wollen einige eine Auslandsreise machen einige ihre Verwandten besuchen und andere sich zu Hause erholen.

2. Setze die Kommas bei Aufzählungen. Beachte: Man kann Wörter, Wortgruppen und ganze Sätze aufzählen. Die Sterne am Rand zeigen dir, in welcher Zeile du wie viele Kommas setzen musst.

- ✶ In der letzten Woche vor den Ferien fanden noch die Projekttage das Schulfest
  und das Sportfest statt.
- ✶ Endlich ist es soweit: Der letzte Schultag vor den Ferien ist da die Zeugnisse
- ✶ sind ausgeteilt die Ferien können beginnen und morgen soll es auch schon losgehen.
- ✶ Meine Eltern meine Schwester Lotta und ich wollen drei Wochen Ferien an der
- ✶ Ostsee machen auf der Hinfahrt Tante Gerda besuchen und auf der Rückfahrt
  bei Oma vorbeischauen.
- Nach zwei Kilometern auf der Autobahn bemerkt Mama, dass sie ihre
- ✶ Regenjacke das Bügeleisen und ihren neuen Lippenstift vergessen hat.
- ✶ Außerdem weiß sie nicht mehr genau, ob der Herd ausgestellt ist die
  Terrassentür geschlossen ist und die Mülleimer rausgestellt sind.
- ✶✶✶ Papa knurrt ein bisschen sagt aber nichts drosselt die Geschwindigkeit nimmt
  die nächste Ausfahrt und steuert heimwärts.
- ✶ Lotta überlegt jetzt, ob sie noch ein neues Buch ihren MP3-Player oder einen Sudoku-Rätselblock
  mitnehmen soll.
- ✶ Nachdem Mama zu Hause die vergessenen Sachen eingepackt hat Lotta sich für ihren Rätselblock entschieden hat und ich noch meinen Fußball eingepackt habe, sind wir bald wieder auf der Autobahn.
- ✶ Nach ein paar Stunden liegen Hannover Hamburg und Lübeck bereits hinter uns.
- ✶ Lotta Mama und ich sind dann noch kurz eingenickt.
- ✶ Später verlassen wir die Autobahn besuchen Tante Gerda und kommen schließlich abends an
  unserem Urlaubsort Grömitz an.

Modul 16: Kommasetzung I: Aufzählung, Anrede, Ausruf, Einschub

Kommasetzung: Anreden, Ausrufe, Einschübe

1. Setze die fehlenden Kommas. Unterstreiche Anrede, Ausrufe und Einschübe.

- Achtung besuchen Sie unsere tolle Modeschau.
- Meine Damen und Herren wir begrüßen Sie herzlich auf unserer Zauberveranstaltung!
- Hallo Leute hier gibt es Kaffee und Kuchen!
- Liebe Besucher verpassen Sie nicht die ganz besondere Westernschau der Klasse 6c!
- Hier liebe Anwesende erwartet Sie ein buntes Programm!

2. Setze die Kommas bei den folgenden Anreden und Ausrufen. Unterstreiche.

- Habt ihr eure Würstchen schon verkauft Reni?
- Siggi und Tom könnt ihr mal mitkommen, wir brauchen Hilfe in der Cafeteria!
- Aua jetzt ist mir die Kaffeetasse auf den Fuß gefallen.
- Hallo könnt ihr mal einen Augenblick zuhören?
- Wie ihr wollt schon gehen?
- Das ist doch nicht dein Ernst Tom!

3. Füge den zweiten Satz als Einschub in den ersten ein. Unterstreiche den Einschub; beachte die Kommas.

Im Eingangsbereich der Schule geben einige freundliche Mädchen den Besuchern Hinweise. Die Mädchen sind Schülerinnen der Klasse 10b.

Im Eingangsbereich der Schule geben einige Mädchen, Schülerinnen der Klasse 10b, den Besuchern Hinweise.

Leo verteilt bunte Prospekte. Leo ist der SV-Sprecher.

_____

Die Tanzgruppe erhält nach ihren Vorführungen viel Beifall. Die Tanzgruppe besteht aus Schülern der sechsten Klassen.

_____

Frau Soldenhoff wartet mit der Bläsergruppe in der Aula. Frau Soldenhoff ist die Musiklehrerin.

_____

Im Chemieraum hat Frau Becker eine Apparatur für eine Vorführung aufgebaut. Frau Becker ist unsere Chemielehrerin.

_____

_____

Tom kümmert sich um das Programm unserer Klasse. Tom ist der Klassensprecher.

_____

_____

Kurzer Wissenscheck

Kommasetzung I: Aufzählung, Anrede, Ausruf, Einschub

1. Ich kenne einige wichtige Regeln zur Kommasetzung.

Kreuze die zutreffenden Aussagen an.

☐ Aufzählungen werden durch ein Komma getrennt.

☐ Bei Aufzählungen steht auch vor *und* und *oder* ein Komma.

☐ Bei Aufzählungen steht in der Regel vor *und* und *oder* kein Komma.

☐ Aufgezählt werden können Wörter, Wortgruppen und Sätze.

☐ Anreden und Ausrufe werden durch Komma vom übrigen Satz abgetrennt.

2. Ich kann das Komma bei Aufzählungen richtig setzen.

Setze die fehlenden Kommas, unterstreiche die Aufzählungen.

- Das Schulfest ist eröffnet alle haben gute Laune und das Wetter spielt auch mit.
- Der Erlös des Schulfestes ist für die Erweiterung der Cafeteria an der eigenen Schule für ein Hilfsprojekt in Afrika und für eine Aktion zugunsten von obdachlosen Menschen gedacht.
- Auf dem Flohmarkt werden Spielsachen Bücher Comics und viele andere interessante Dinge angeboten.
- Alle Schülerinnen und Schüler sind beschäftigt bei Vorführungen beim Autowaschen beim Bedienen in der Cafeteria beim Grillen am Würstchenstand oder beim Musizieren.
- Tim versucht an seinem Stand interessierte Käufer anzulocken Annika führt die Verkaufsgespräche Malena packt die verkauften Sachen ein und kassiert.

3. Ich kann das Komma bei Anreden, Ausrufen und Einschüben setzen.

Setze die fehlenden Kommas. Unterstreiche Anrede, Ausrufe und Einschübe.

Lass das jetzt mal sein Lars!
Hey wie geht es euch?
Du meine Güte wie kann man nur so stur sein!
Das war liebe Frau Rademacher ein Eigentor!
Alexandra das Mädchen aus unserer Nachbarschaft wird auch zur großen Schulfete kommen.
Du jetzt reicht es aber!
Nils mein Freund macht auch mit.

© Schöningh 978-3-14-025130-3

Lösungen

Kommasetzung I: Aufzählung, Anrede, Ausruf, Einschub

Basismaterial (S. 88)

1.
- Für den Flohmarktstand auf dem Schulfest haben <u>Lisa</u>, <u>Tim</u>, <u>Jochen</u> und <u>Ben</u> bereits unterschiedliche Sachen gesammelt.
- <u>Vor dem Schulfest werden in der 6a fleißig Ideen gesammelt</u>, <u>es wird geplant</u>, <u>organisiert</u> und <u>diskutiert</u>.
- <u>Die Klasse 5c möchte entweder einen Info-Stand organisieren</u>, <u>ein kleines Theaterstück einüben</u> oder <u>eine Losbude einrichten</u>.
- Für den Flohmarkt sind unter anderem vorgesehen: <u>gut erhaltene Kinder- und Jugendbücher</u>, <u>Spiele</u>, <u>Musikkassetten</u> sowie <u>DVDs</u>.
- <u>Frau Konradi kümmert sich um die Verteilung der Stände</u>, <u>Frau Grote um die technischen Dinge</u> und <u>Herr Bürger bemüht sich um den Kontakt zu den Eltern</u>.

2. <u>Hallo</u>, seid ihr auch schon da? Ich habe da eine Frage, <u>Herr Bürger</u>. <u>Lotta</u>, kannst du mal mit anpacken? <u>Oh je</u>, steht der Termin noch nicht fest?

3. Julia, <u>ein Mädchen aus der 6c</u>, spielt bei dem Theaterstück mit, Frau Nolte, <u>unsere Sportlehrerin</u>, will einen Jazztanz organisieren. Herr Berendes, <u>unser Klassenlehrer</u>, übt mit uns Sketche ein. Das Schulfest, es rückt immer näher, beschäftigt die ganze Schule.

Differenzierungsmaterial 1 (S. 89)

1.
- Auf dem Schulfest gibt es <u>Vorführungen</u>, <u>Unterhaltungsprogramme für Groß und Klein</u>, <u>Erfrischungen jeder Art</u>, <u>verschiedene Modenschauen</u> und vieles andere.
- Auf dem Schulhof kann man <u>sich das Fahrrad oder Auto waschen lassen</u>, <u>an Geschicklichkeitsspielen teilnehmen</u> oder <u>sich an der Würstchenbude stärken</u>.
- <u>Alle Schüler der Schule</u>, <u>die Eltern</u> und <u>die Lehrer</u> haben ein tolles Programm auf die Beine gestellt.
- <u>War der Flohmarkt auf dem Schulfest ein großer Erfolg</u>, <u>sollte er deshalb wiederholt werden</u> oder <u>sollte man demnächst doch darauf verzichten</u>?
- In den letzten Tagen vor den Ferien sollen noch <u>das Sportfest stattfinden</u>, <u>ein Theaterstück der Klasse 6d über die Bühne gehen</u> sowie <u>die Ergebnisse der Projekttage vorgestellt werden</u>.
- Am letzten Schultag werden <u>die Zeugnisse ausgeteilt</u>, <u>die Klassenschränke geleert</u> und <u>die geliehenen Schulbücher eingesammelt</u>.
- In den Ferien wollen <u>einige eine Auslandsreise machen</u>, <u>einige ihre Verwandten besuchen</u> und <u>andere sich zu Hause erholen</u>.

2.
- In der letzten Woche vor den Ferien fanden noch <u>die Projekttage</u>, <u>das Schulfest</u> und <u>das Sportfest</u> statt.
- Endlich ist es soweit: <u>Der letzte Schultag vor den Ferien ist da</u>, <u>die Zeugnisse sind ausgeteilt</u>, <u>die Ferien können beginnen</u> und <u>morgen soll es auch schon losgehen</u>.
- <u>Meine Eltern</u>, <u>meine Schwester Lotta</u> und <u>ich</u> wollen <u>drei Wochen Ferien an der Ostsee machen</u>, <u>auf der Hinfahrt Tante Gerda besuchen</u> und <u>auf der Rückfahrt bei Oma vorbeischauen</u>.
- Nach zwei Kilometern auf der Autobahn bemerkt Mama, dass sie ihre <u>Regenjacke</u>, <u>das Bügeleisen</u> und <u>ihren neuen Lippenstift</u> vergessen hat.
- Außerdem weiß sie nicht mehr genau, ob <u>der Herd ausgestellt ist</u>, <u>die Terrassentür geschlossen ist</u> und <u>die Mülleimer rausgestellt sind</u>.
- Papa <u>knurrt ein bisschen</u>, <u>sagt aber nichts</u>, <u>drosselt die Geschwindigkeit</u>, <u>nimmt die nächste Ausfahrt</u> und <u>steuert heimwärts</u>.
- Lotta überlegt jetzt, ob sie noch <u>ein neues Buch</u>, <u>ihren MP3-Player</u> oder <u>einen Sudoku-Rätselblock</u> mitnehmen soll.

- Nachdem <u>Mama zu Hause die vergessenen Sachen eingepackt hat</u>, <u>Lotta sich für ihren Rätselblock entschieden hat</u> und <u>ich noch meinen Fußball eingepackt habe</u>, sind wir bald wieder auf der Autobahn.
- Nach ein paar Stunden liegen <u>Hannover</u>, <u>Hamburg</u> und <u>Lübeck</u> bereits hinter uns.
- <u>Lotta</u>, <u>Mama</u> und <u>ich</u> sind dann noch kurz eingenickt.
- Später <u>verlassen wir die Autobahn</u>, <u>besuchen Tante Gerda</u> und <u>kommen schließlich abends an unserem Urlaubsort Grömitz an</u>.

Differenzierungsmaterial 2 (S. 90)

1.
   - <u>Achtung</u>, besuchen Sie unsere tolle Modenschau.
   - <u>Meine Damen und Herren</u>, wir begrüßen Sie herzlich auf unserer Zauberveranstaltung!
   - <u>Hallo Leute</u>, hier gibt es Kaffee und Kuchen!
   - <u>Liebe Besucher</u>, verpassen Sie nicht die ganz besondere Westernschau der Klasse 6c!
   - Hier, <u>liebe Anwesende</u>, erwartet Sie ein buntes Programm!
2.
   - Habt ihr eure Würstchen schon verkauft, <u>Reni</u>?
   - <u>Siggi und Tom</u>, könnt ihr mal mitkommen, wir brauchen Hilfe in der Cafeteria!
   - <u>Aua</u>, jetzt ist mir die Kaffeetasse auf den Fuß gefallen.
   - <u>Hallo</u>, könnt ihr mal einen Augenblick zuhören?
   - <u>Wie</u>, ihr wollt schon gehen?
   - Das ist doch nicht dein Ernst, <u>Tom</u>!
3. Leo, <u>der SV-Sprecher</u>, verteilt bunte Prospekte. Die Tanzgruppe, <u>bestehend aus Schülern der sechsten Klassen</u>, erhält nach ihren Vorführungen viel Beifall.
   Frau Soldenhoff, <u>die Musiklehrerin</u>, wartet mit der Bläsergruppe in der Aula. Im Chemieraum hat Frau Becker, <u>unsere Chemielehrerin</u>, eine Apparatur für eine Vorführung aufgebaut. Tom, <u>unser Klassensprecher</u>, kümmert sich um das Programm.

Kurzer Wissenscheck (S. 91)

1. Richtig sind: 1, 3, 4, 5
2.
   - <u>Das Schulfest ist eröffnet</u>, <u>alle haben gute Laune</u> und <u>das Wetter spielt auch mit</u>.
   - Der Erlös des Schulfestes ist <u>für die Erweiterung der Cafeteria an der eigenen Schule</u>, <u>für ein Hilfsprojekt in Afrika</u> und <u>für eine Aktion zugunsten von obdachlosen Menschen</u> gedacht.
   - Auf dem Flohmarkt werden <u>Spielsachen</u>, <u>Bücher</u>, <u>Comics</u> und <u>viele andere interessante Dinge</u> angeboten.
   - Alle Schülerinnen und Schüler sind beschäftigt <u>bei Vorführungen</u>, <u>beim Autowaschen</u>, <u>beim Bedienen in der Cafeteria</u>, <u>beim Grillen am Würstchenstand</u> oder <u>beim Musizieren</u>.
   - <u>Tim versucht an seinem Stand interessierte Käufer anzulocken</u>, <u>Annika führt die Verkaufsgespräche</u>, <u>Malena packt die verkauften Sachen ein und kassiert</u>.
3. Lass das jetzt mal sein, <u>Lars</u>! <u>Hey</u>, wie geht es euch? <u>Du meine Güte</u>, wie kann man nur so stur sein! Das war, <u>liebe Frau Rademacher</u>, ein Eigentor! Alexandra, <u>das Mädchen aus unserer Nachbarschaft</u>, wird auch zur großen Schulfete kommen. <u>Du</u>, jetzt reicht es aber! Nils, <u>mein Freund</u>, macht auch mit.

Modul 17: Kommasetzung II: Komma zwischen Sätzen

Das Komma markiert Sprechpausen im Satz. Wenn man sorgfältig spricht, genau hinhört und auf die Bedeutung achtet, kann man meist heraushören, wann eine Sprechpause zu machen ist und ein Komma zu setzen ist. Deshalb kannst du dich bei der Kommasetzung oft auf dein **Sprachgefühl** verlassen.

Zur Ergänzung ist es aber sinnvoll, auch einige **Regeln** zu beherrschen.

1. In den folgenden Sätzen steht jeweils ein Komma. Lies langsam und sorgfältig. Setze das Komma dort, wo eine Sprechpause zu machen ist.

   Die Geschwister Hanna und Max haben heute Zeit deshalb fahren sie gemeinsam zum Zoo.
   Max will sich unbedingt die Menschenaffen ansehen Hanna möchte zu den Delfinen.
   Max interessiert sich besonders für Schimpansen er möchte gerne mal mit dem Tierpfleger sprechen.
   Hanna will die Delfinschau besuchen leider gibt es heute Nachmittag keine Vorstellung mehr.

2. Kennzeichne in den Sätzen (zur Übung 1) jeweils die beiden Hauptsätze durch Unterstreichen.

3. Setze auch in den folgenden Sätzen die Kommas. Die Zeile, in der ein Komma zu setzen ist, wird am Rand jeweils durch ein K gekennzeichnet.

   KK ● Hanna die vom Zoobesuch ganz begeistert ist erzählt in der Schule ihrer Freundin davon.
   KK ● Max der in der nächsten Woche mit seinem Freund wieder in den Zoo fahren will möchte unbedingt noch einmal ins Schimpansenhaus.
   K ● Beide interessieren sich für das Verhalten der Menschenaffen die zu den Lieblingen vieler Zoobesucher gehören.
   KK ● Die Menschenaffen die den Menschen von allen Tieren am nächsten stehen zeigen Verhaltensweisen an denen viele Zoobesucher ihre Freude haben.
   K
   KK ● Hanna die zur Zeit an einem Referat über Delfine arbeitet will in der nächsten Woche noch einmal in den Zoo gehen.
   KK ● Ihre Freundin Jule die sich auch für Delfine interessiert will mitkommen.

4. Kommas haben auch etwas mit der Bedeutung des Satzes zu tun. Erkläre die Bedeutung der beiden Sätze, indem du den Satz unten ergänzt.

   a) Der Tierpfleger, flüstert Max, sei sehr geschickt.
   b) Der Tierpfleger flüstert, Max sei sehr geschickt.

   Im Satz a) sagt Max etwas über den Pfleger, in Satz b) _____

   _____

Komma zwischen Hauptsätzen

Bei einer Aneinanderreihung von Hauptsätzen spricht man von **Satzreihe**. In einer Satzreihe werden die Hauptsätze entweder durch einen Punkt oder durch ein Komma voneinander abgesetzt. Beispiel:

<u>Susanna ist ein Mathefan</u>. <u>Moritz mag lieber Englisch</u>.
<u>Susanna ist ein Mathefan</u>, <u>Moritz mag lieber Englisch</u>.

Satzreihen können auch durch **nebenordnene Konjunktionen** (Bindewörter) wie *und*, *oder*, *aber*, *doch*, *denn*, *daher*, *trotzdem* verbunden werden. Vor *und* und *oder* muss kein Komma stehen.
<u>Lars ist fit in Geschichte</u>, (aber) <u>das Fach Physik findet er doof</u>.

1. Setze in jeder Satzreihe das passende Komma. Unterstreiche die beiden Hauptsätze.

- Menschenaffen gehören zu den Lieblingstieren vieler Zoobesucher sie sind Menschen in ihren Verhaltensweisen sehr ähnlich.
- Von allen Menschenaffen steht der Schimpanse dem Menschen am nächsten er ist nämlich mit dem Menschen näher verwandt als mit dem Orang Utan.
- Schimpansen sind sehr intelligente Tiere die Verwandtschaft mit dem Menschen ist nicht verwunderlich.
- Schimpansen werden in der medizinischen Forschung eingesetzt ihre enge Verwandtschaft mit dem Menschen wird ihnen nicht selten zum Verhängnis.
- Alte Schimpansen haben oft eine kahle Stirn diese erinnert ein bisschen an eine menschliche Glatze.
- Junge Schimpansen sind manchmal sehr übermütig ihre blitzenden großen Augen lassen dann an richtige Lausbuben denken.

2. In den folgenden Satzreihen werden die Hauptsätze durch eine Konjunktion (Bindewort) verbunden. Kennzeichne dieses jeweils durch Einkreisen; markiere die Hauptsätze durch Unterstreichen. Setze jeweils das Komma.

- Menschenaffen und Menschen haben in ihrem Aussehen und Verhalten viele Gemeinsamkeiten denn sie sind sich auch in ihrem Erbgut ähnlich.
- Wie bei Menschen ist auch Menschenaffen die Fähigkeit zum Schwimmen nicht angeboren daher macht man sich dies in Zoologischen Gärten zunutze.
- Gehege von Menschenaffen werden durch Wassergräben abgeteilt denn noch nie hat ein Menschenaffe Schwimmen gelernt.
- Schimpansen sind sehr intelligente Tiere denn sie können Werkzeuge zur Futterbeschaffung nutzen.
- Schimpansenweibchen holen zum Beispiel Steine herbei damit knacken sie dann Nüsse.
- In der freien Natur sind Schimpansen in der Regel tagaktiv deshalb legen sie sich für die Nachtruhe ein Blätternest in den Bäumen an.

Modul 17: Kommasetzung II: Komma zwischen Sätzen

■ Komma im Satzgefüge zwischen Hauptsatz und Nebensatz

- **Satzgefüge** nennt man eine Verbindung von Hauptsatz und Nebensatz. In einem Satzgefüge werden Hauptsatz/Basissatz und Nebensatz immer durch ein Komma getrennt. Der <u>Hauptsatz</u> kann in der Regel allein stehen, der <u>Nebensatz</u> nicht. Man kann den Nebensatz auch daran erkennen, dass das Verb immer am Schluss steht.

- **Nebensätze** werden oft durch eine unterordnende Konjunktion (Bindewort) eingeleitet: *als, da, nachdem, wenn, weil, während, bis, dass*
  Beispiel: <u>Als Miriam ankommt</u>, <u>ist Lars schon gegangen</u>.
  <u>Lars ist schon gegangen</u>, <u>als Miriam ankommt</u>.

- **Nebensätze** können auch durch ein Relativpronomen (bezügliches Fürwort) eingeleitet werden: welcher, welche, welches, der, die, das
  Beispiel: <u>Tom</u>, <u>der in der Klasse 6 c ist</u>, <u>war gestern auf der Schulfete</u>.
  <u>Er traf dort Lisa</u>, <u>welche Schülerin der 6 d ist</u>.

1. Setze in den beiden Sätzen die Kommas. Kontrolliere die Lösung, indem du die Sätze den beiden Satzbildern mit Hauptsatz und Nebensatz zuordnest. Markiere <u>Hauptsatz</u> und <u>Nebensatz</u>.

   a) Ein Orang-Utan der sich aufrichtet überragt ohne Weiteres einen erwachsenen Menschen.
   b) Gorillamänner richten sich auf wenn sie auf einen Gegner Eindruck machen wollen.

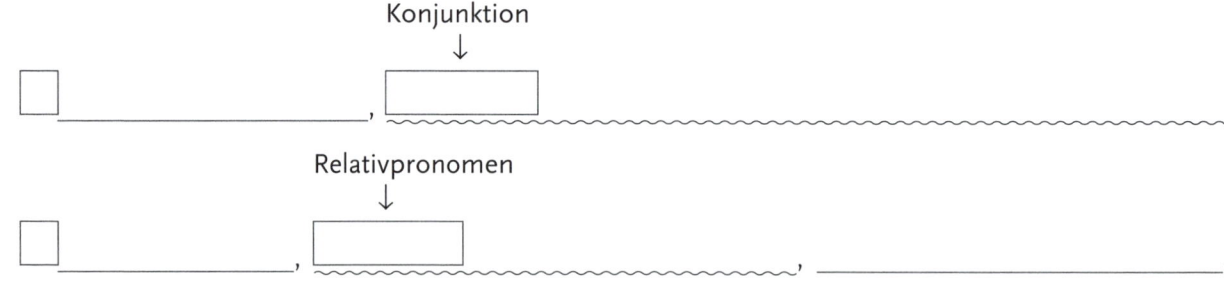

2. Setze die Kommas. Unterstreiche den <u>Hauptsatz</u>, kennzeichne den <u>Nebensatz</u> mit einer Wellenlinie. Markiere Konjunktion und Relativpronomen.

   - Als in Chicago ein kleiner Junge in das Gorillagehege stürzte wurde er von einem Gorillaweibchen gerettet.

   - Das Gorillaweibchen das ein eigenes Junges auf dem Rücken trug nahm das verletzte Kind auf die Arme.

   - Als sich andere Gorillas näherten zeigte es eine beschützende Haltung.

   - Der Junge der aufgrund seines Sturzes schwer verletzt war wurde gerettet.

   - Besucher die gerade am Gorillagehege waren verfolgten das Geschehen mit atemloser Spannung.

   - Weil das Gorillaweibchen das Kind vor dem Zugriff der anderen Gorillas gerettet hatte wurde sie zum Weltstar.

   - Viele sind davon überzeugt dass Binti Jua als Lebensretterin in die Geschichte eingehen wird.

   - Vielen ist auch klar geworden dass uns die Menschenaffen in ihren Verhaltensweisen ähneln.

Kurzer Wissenscheck

Kommasetzung II: Komma zwischen Sätzen

1. Ich kenne wichtige Regeln für die Kommasetzung zwischen Hauptsatz und Nebensatz.

Kreuze die zutreffenden Aussagen an.

- [ ] Zwischen Hauptsätzen steht in der Regel ein Komma oder ein Punkt.
- [ ] Hauptsatz und Nebensatz werden immer durch ein Komma getrennt.
- [ ] Hauptsatz und Nebensatz werden nie durch ein Komma getrennt.
- [ ] Im Nebensatz steht das Verb am Ende des Satzes.
- [ ] Hauptsätze können auch durch eine Konjunktion wie *denn, daher, aber, und* eingeleitet werden.
- [ ] Nebensätze können durch eine Konjunktion wie *weil, nachdem, als, dass* eingeleitet werden.

2. Ich weiß, was eine Satzreihe und was ein Satzgefüge ist.

Kreuze die zutreffenden Aussagen an.

- [ ] In einer Satzreihe sind Hauptsatz und Nebensatz miteinander verknüpft.
- [ ] In einer Satzreihe werden Hauptsätze aneinandergereiht.
- [ ] In einem Satzgefüge werden Hauptsätze aneinandergereiht.
- [ ] In einem Satzgefüge können Hauptsatz und Nebensatz an unterschiedlicher Stelle stehen.

3. Ich weiß, wann ich in Satzreihen und Satzgefügen ein Komma setze.

a) In den folgenden Satzreihen musst du jeweils ein Komma setzen.

- Schimpansen sind intelligente und gelehrige Tiere sie sind enge Verwandte des Menschen.
- Alte Schimpansen haben oft einen weißen Bart dies erinnert ein bisschen an das Gesicht alter Menschen.
- Schimpansen können die gleichen Krankheiten wie Menschen bekommen daher werden die Tiere auch heute noch in der medizinischen Forschung gebraucht.

b) Setze die Kommas in den folgenden beiden Satzgefügen. Kontrolliere die Lösung, indem du die beiden Sätze den Satzbildern zuordnest. Kennzeichne danach entsprechend Hauptsatz und Nebensatz durch Unterstreichung bzw. Wellenlinie.

(1) Gorillaweibchen die mit ihren Jungen in einer Gruppe leben werden nur halb so schwer wie Männchen.

(2) Alte Gorillamännchen dulden oft einen zweiten „Silberrücken" in ihrer Gruppe damit sie einen möglichen Nachfolger haben.

- [ ] _____ HS _____ , ～～～～～ NS ～～～～～
- [ ] _____ HS _____ , ～～～ NS ～～～ _____ HS _____ .

Lösungen

Kommasetzung II: Komma zwischen Sätzen

Basismaterial (S. 94)

1./2. Die Geschwister Hanna und Max haben heute Zeit, deshalb fahren sie gemeinsam zum Zoo. Max will sich unbedingt die Menschenaffen ansehen, Hanna möchte zu den Delfinen. Max interessiert sich besonders für Schimpansen, er möchte gerne mal mit dem Tierpfleger sprechen. Hanna will die Delfinschau besuchen, leider gibt es heute Nachmittag keine Vorstellung mehr.

3.
- Hanna, die vom Zoobesuch ganz begeistert ist, erzählt in der Schule ihrer Freundin davon.
- Max, der in der nächsten Woche mit seinem Freund wieder in den Zoo fahren will, möchte unbedingt noch einmal ins Schimpansenhaus.
- Beide interessieren sich für das Verhalten der Menschenaffen, die zu den Lieblingen vieler Zoobesucher gehören.
- Die Menschenaffen, die den Menschen von allen Tieren am nächsten stehen, zeigen Verhaltensweisen, an denen viele Zoobesucher ihre Freude haben.
- Hanna, die zur Zeit an einem Referat über Delfine arbeitet, will in der nächsten Woche noch einmal in den Zoo gehen.
- Ihre Freundin Jule, die sich auch für Delfine interessiert, will mitkommen.

4. Im Satz a) sagt Max etwas über den Pfleger, in Satz b) sagt der Pfleger etwas über Max.

Differenzierungsmaterial 1 (S. 95)

1.
- Menschenaffen gehören zu den Lieblingstieren vieler Zoobesucher, sie sind Menschen in ihren Verhaltensweisen sehr ähnlich.
- Von allen Menschenaffen steht der Schimpanse dem Menschen am nächsten, er ist nämlich mit dem Menschen näher verwandt als mit dem Orang-Utan.
- Schimpansen sind sehr intelligente Tiere, die Verwandtschaft mit dem Menschen ist nicht verwunderlich.
- Schimpansen werden in der medizinischen Forschung eingesetzt, ihre enge Verwandtschaft mit dem Menschen wird ihnen nicht selten zum Verhängnis.
- Alte Schimpansen haben oft eine kahle Stirn, diese erinnert ein bisschen an eine menschliche Glatze.
- Junge Schimpansen sind manchmal sehr übermütig, ihre blitzenden großen Augen lassen dann an richtige Lausbuben denken.

2.
- Menschenaffen und Menschen haben in ihrem Aussehen und Verhalten viele Gemeinsamkeiten, (denn) sie sind sich auch in ihrem Erbgut ähnlich.
- Wie bei Menschen ist auch Menschenaffen die Fähigkeit zum Schwimmen nicht angeboren, (daher) macht man sich dies in Zoologischen Gärten zunutze.
- Gehege von Menschenaffen werden durch Wassergräben abgeteilt, (denn) noch nie hat ein Menschenaffe Schwimmen gelernt.
- Schimpansen sind sehr intelligente Tiere, (denn) sie können Werkzeuge zur Futterbeschaffung nutzen.
- Schimpansenweibchen holen zum Beispiel Steine herbei, (damit) knacken sie dann Nüsse.
- In der freien Natur sind Schimpansen in der Regel tagaktiv, (deshalb) legen sie sich für die Nachtruhe ein Blätternest in den Bäumen an.

Differenzierungsmaterial 2 (S. 96)

1. **a)** Ein Orang-Utan, der sich aufrichtet, überragt ohne Weiteres einen erwachsenen Menschen. (Satzbild 2)
b) Gorillamänner richten sich auf, wenn sie auf einen Gegner Eindruck machen wollen. (Satzbild 1)

2. • ⟨Als⟩ in Chicago ein kleiner Junge in das Gorillagehege stürzte, wurde er von einem Gorillaweibchen gerettet.

   • Das Gorillaweibchen, ⟨das⟩ ein eigenes Junges auf dem Rücken trug, nahm das verletzte Kind auf die Arme.

   • ⟨Als⟩ sich andere Gorillas näherten, zeigte es eine beschützende Haltung.

   • Der Junge, ⟨der⟩ aufgrund seines Sturzes schwer verletzt war, wurde gerettet.

   • Besucher, ⟨die⟩ gerade am Gorillagehege waren, verfolgten das Geschehen mit atemloser Spannung.

   • ⟨Weil⟩ das Gorillaweibchen das Kind vor dem Zugriff der anderen Gorillas gerettet hatte, wurde sie zum Weltstar.

   • Viele sind davon überzeugt, ⟨dass⟩ Binti Jua als Lebensretterin in die Geschichte eingehen wird.

   • Vielen ist auch klar geworden, ⟨dass⟩ uns die Menschenaffen in ihren Verhaltensweisen sehr ähneln.

Kurzer Wissenscheck (S. 97)

1. Richtig sind: 1, 2, 4, 5, 6.

2. Richtig sind 2, 4

3. a) • Schimpansen sind intelligente und gelehrige Tiere, sie sind enge Verwandte des Menschen.

   • Alte Schimpansen haben oft einen weißen Bart, dies erinnert ein bisschen an das Gesicht alter Menschen.

   • Schimpansen können die gleichen Krankheiten wie Menschen bekommen, daher werden die Tiere auch heute noch in der medizinischen Forschung gebraucht.

   b) Gorillaweibchen, die mit ihren Jungen in einer Gruppe leben, werden nur halb so schwer wie Männchen. (Satzbild 2)

   Alte Gorillamännchen dulden oft einen zweiten „Silberrücken" in ihrer Gruppe, damit sie einen möglichen Nachfolger haben. (Satzbild 1)